永業という道

―― 僕が歩んだ９つの道 ――

香月敬民

Takaomi Katsuki

HS

プロローグ

あの言葉を、あの筆文字を目にした時、僕の中で今までになかったようなものが込み上げてきた。

なぜだろう。筆文字の迫力だろうか。

多分違う。言葉そのものの持つ力なんじゃないか。


言葉には力がある。


そんなこと僕は信じていなかった。

一つ一つの出会いや出来事に意味がある。その出会いで人生が１８０度変わることもある。言葉一つとの出会いさえも、実は大きな意味がある。

以前誰かに言われたようなそのことを、まったく信じられずにいた。

あの時までは……。

明日からいよいよ12月。毎年思う、もう12月か。何も出来ないまま迎えるこの日をいつも歯がゆく感じる。

階段を上った。上りきった先を左に曲がり、また上った。引き戸を開ける。暗がりの中で沖縄の陽気な音楽が響いていた。大学時代の同級生、陽介と二人。ソーメンチャンプルーと海ぶどうを注文する。

飲んでしばらくすると、周りの声が気になるようになった。耳鳴りのように聞こえてくるサラリーマンの声。そのほとんどが愚痴や文句だった。それらがどんどん僕をへこませた。聞きたくない、そう思えば思うほど聞こえてくる声が大きくなっていく……。

「おい賢二、大丈夫か?」

ふと陽介の言葉で我に返った。

そう言っておしぼりで顔を拭った。まだ酔うほど飲んではいない。でも周りから聞こえてくる愚痴や文句に、意識はすっかりこの場とは違う所に飛ばされていた。

「あぁ、大丈夫だよ」

陽介は大学の同級生。昔のバカ騒ぎはもう過去のものだが、今でもたまに飲みには行く。お互いストレスが溜まった時に発散し合う間柄とでもいった感じか。実際陽介と飲みに行くと、こいつの底抜けの明るさに元気をもらっていた。しかしそれも、社会に出て3年ほど経ってからは、だんだんとお互い愚痴ばかりになり、陽介の広がっていくおでことは反比例しながら話題の幅は狭まっていった。

「それにしても数字数字の繰り返しの営業って、本当つらいよな」

陽介が眉をしかめながら言った。

「あぁ、そうだね」

「今日も課長にどやされてさ、やってらんねぇよ」

「そうか」

だんだん返事するのが嫌になっていった。ストレスを発散しようと思って飲みに来たのに、ますますストレスをため込んでいるようだ。

沈みがちな心とは裏腹に、沖縄の陽気な音楽が耳から直接脳に届いてくる。

突然立ち上がった僕を陽介が下からキョトンと見上げた。愚痴ばかりの空間から距離を置く為に、その場を離れた。

「トイレに行ってくる」

この店のトイレには元気の素がある。A5くらいの和紙に書かれたメッセージ。それがところ狭しと貼られている。いい言葉に囲まれるのは本当に気持ちがいい。飲みに行く店としてよくこの店を選ぶ一番の理由は、もしかしたらこのトイレなのかもしれない。

今日も小用を足す短い時間の中、壁に貼られたメッセージを楽しんでいた。

その時、一枚の紙が目の奥深く飛び込んできた。スポットライトを浴びている訳でもないその紙に、目が吸い込まれるように引き寄せられていった。


損と得の道があるならば、損の道を行け　**永業塾塾長**

筆文字の迫力、その存在感、僕の目は釘付けになった。

そして心の中で何かが騒ぎ出したのを感じた。


決して短くない時をその紙の前で過ごした。小用を足していたことも忘れてその場に立ち尽くしていた。

耳に沖縄民謡が届きだしたとき、ようやく我に返り、テーブルに戻った。

「おい賢二、本当に大丈夫か？」

「え？　あぁ」

「やっぱりお前どうにかしてるぞ。相談ならのるぞ」

「大丈夫だって」

髪をかき上げビールを一口胃に流し込んだ。

席に戻った後陽介に呼ばれるまで、本当に違う場所にいたのではないかというくらい、ぼんやり考えていた。

損の道、得の道。営業ではなく永業……。さっきの筆文字に心を奪われていた。

営業という仕事に就いたのは5年前。周りがそうだからという理由で、なんとなく営業の仕事についた。

これでも自信はあった。今考えるとその自信がどこから来たのか分からないが、売れて成功する気がしていた。その自信がただの勘違いだと知る為に2か月も必要なかった。

次第に僕は卑屈になり、未来への希望も持てず、とにかく自分だけは損をしたくないという思いに支配されていた。

楽な道、得な道をいつのまにか探し求めていた。

しかし僕の中のもう一人の自分が近頃、本当にそれでいいのかと問いかけるようになっていた。30歳を目前に、価値観のジレンマから抜け出せなくなっていた。少しでも楽で得な道を探す僕と、それに否定的な感情を抱く僕……。

そんな僕の中にこの言葉は土足でずかずかと入ってきて、何かを叩き起こした。

損と得の道があるならば、損の道を行け

プロローグ

第一章　「営業の道」

秋から冬に向けて、一気に駆け抜けるように季節が変わろうとしていた。11月も後半に入り、枯葉の多さが冬の訪れを予感させてくれる。

そんな季節感に関係なく、事務所では今日も朝から課長の怒声が響き渡っている。

「なんでだめなんだ。もう一回行って来い！」

また昨日お客様から契約を断られた智博が、うつろな眼をしながら、課長の怒鳴り声のラッシュをまさにノーガードで喰らっている。これで、連続10件のお客様に、見積もりまで出しながら断られたらしい。

課長は人の欠点を指摘させたら超一流だ。重箱の隅をつつくようにこれでもかというくらい欠点や不手際を指摘し、完膚なきまでにへこませてしまう。眼鏡の奥の目が笑っているところを見たという人はいない。僕はもちろん、入社以来その目の奥が笑っているところを見たことはない。いつもその笑わない目に突き刺されているような感覚に陥った。そして智博は真面目なお人よし、課長からすれば一番説教しやすい奴なんだろう。格好の生け贄だ。事実、折に触れよく説教されていた。

怒られているのが智博だといって安心出来るわけでもない。明日は我が身だと考えると、背筋に冷たいものが走る。僕もまだ今月は注文が取れていない。課長の方を見ていた目線を、逃れるように自分のデスクに移した。

僕達リフォーム部門の営業は12人。ここ3ヶ月の成績は、智博が最下位、そして僕はその一つ上だった。ブービー。ここが僕の定位置だった。

課長の席の背後には、「決算、ノルマ必達！」と書かれた大きな横断幕がある。あれを見るたびになぜかブルーになる。

「あれを見て誰かモチベーション上がってるのかな？」

恐らく上がっているのはその下に座っている課長くらいなんじゃないか。現場に出て行く僕達には、いや僕にとってはプレッシャー以外の何者でもなかった。

ノルマは一人ひとりに課されていたが、達成できないと怒鳴られる毎日。当然給料もカットされる。でも泣き言なんて言っていられない。営業として、注文を取ってくるのは義務なのだから……。


予定ボードに、「南区営業」と書き、営業ツールを片手に、「行ってきます」とあまり目立たないような声で事務所に別れを告げ、営業に出た。

エレベーターを降りて、駐車場まで歩いていく。カバンを持つ手が痛い。カバンを右手、左手と持ち替え、足元を見ながら力なく歩いていった。

「はぁ」、ため息が出た。今日も渡されたリストを元に、住宅街を練り歩く。

毎日がこの繰り返しだった。この繰り返しが僕を憂鬱にさせる。

リフォーム部門はここ最近競争も激化していて、なかなか受注が伸び悩んでいた。特に僕の成績は芳しくない。「はぁ」またため息が出た。

うちの会社のメインは不動産業だったが、これからはリフォーム業が伸びるはずだと僕を採用してくれた宮下部長が社長に提言し、５年前に出来たのがこのレインボーリフォームだ。

まさに七色の虹のようにすべてのお客様のニーズに応えるリフォームを手がけられる専門家というコンセプトで、宮下部長の意見が通ったとのことだった。

宮下部長は不思議な魅力の持ち主だ。課長とは正反対の人柄で、その眼鏡の奥の目がいつもニコニコと優しく笑っている。いつも謙虚で僕たちにもとても優しい。宮崎出身らしいが、南国ならではの温和さと大らかさが大好きだ。

僕はこの会社の一期目の新卒採用にあたる。

たまたま地元の福岡で営業がしたいと思っていて、地元の会社を数社受けていた。訳も分からずに、自動車会社やアパレル関係などを受けたが、会社情報がたまたま目に止まり、一期生というフレーズもなんとなく心地よく、この会社を気に入った。

就職氷河期に入ったといわれた５年前、そんなに選り好みできない立場にいた僕は、面接をしてくれた宮下部長の人柄に惚れて、内定をいただくとさっさと他の会社の面接を打ち切り、この会社に入った。

配属初日のことは忘れない。

明るい職場だった。みんなが活き活きしていた。

この部署に初めて入った新人ということもあり、皆に声を掛けてもらい、期待されているという雰囲気が伝わってきた。活気ある事務所が印象的だった。

先輩達が戻ってくる度に、注文をいただいたことを知らせる周りからの拍手が事務所を覆い、それを見ながら、今すぐにでも契約を取ってきて、祝福されたいという思いに駆られた。そしてすぐにそうなれると思っていた。

しかしそんなにうまくはいかなかった。

希望と現実のギャップの中で、契約を取る難しさを肌で感じていた。

先輩達は、不動産部門からの異動だった。もともと営業をしていた人達なので、畑は違っても、それなりの注文を取ってきていた。そんな先輩達が眩しかった。

初めて契約が取れた日は、天にも昇る思いだった。

やっと一人前の仲間入りをしたような気分だった。

その日の夜は先輩達が食事をおごってくれた。

「賢二おめでとう」

6ヶ月もかかったが、初契約は本当に嬉しかった。

しかし、嬉しかったのはその夜だけ。翌日からはまた精神的にきつい毎日が始まった。

来る日も来る日もお客様に断られる毎日。

「まだたったの1件だぞ。次だ次！」

余韻に浸る暇は当然なかった。

そして1年後、僕の後に入ってきた後輩達。

もともと面倒見のいい僕は、少し先輩風を吹かせながらも彼らを指導していたが、それも最初だけ。今や僕自身が彼らの後塵を浴びている始末……。

誰も僕を尊敬なんてしてやいない。

どこかで軽蔑している声も聞こえてくるようだった。

辛うじて仲がいいと言えるのは、さっき課長からしこたまやられていた智博だけ。いつもお互いそれとなく傷の舐めあいをしていた。

「おまえでも毎月給料もらってるんだろ？　いいねぇ」

「それ終わったらさぁ、もう帰っていいよ」

よく課長や先輩達に嫌味を言われた。それを当たり前だと納得してしまっていた。営業は結果が出なければクズ同然の扱いを受けるのだから。

そして居心地が良かったはずの事務所も、徐々に長居したくない場所へと変わっていった……。

いつものように地図を片手に住宅街を歩いた。

コート無しでは寒い季節になった。でも昼には日が照って、暑くなるから厄介だ。鼻から入ってくる空気から冬の香りがする。11月後半になると毎年やってきて、今年があと僅かだと教えてくれる。そしてノルマの期限もあと僅か……。コートを脱ぎ、左手に掛けて持った。

焦る気持ちはあっても、どうしようもないことだってある。

それでも、「今日こそは」と、自らを奮い立たせながら、何とか最初の家のチャイムを鳴らした。門の向こうでは番犬の柴犬が吠え続けている。

チャイムは指ではなく、手のひらの付け根で押すんだ、そう先輩から教えられている通りにした。少しは気持ちの中に勢いがつくらしい。

「いないなら、いなくていいんだ」

消極的な声が自分の心の中でしていたが、そう思っていた矢先にその家の奥様が応答した。

「はい、どちら様ですか？」

あぁ、いたか。僕の心の整理を付けるまで3秒半の沈黙があった。

「あっ、おはようございます。レインボーリフォームの浦田と申します」

インターフォンに向かって、明るめの声で話しかけた。

「はぁ」

反応が悪い。勇気を振り絞って次の言葉を出した。

「お住まいのリフォームについて、ご計画はございませんか。当社でキャンペーンをやっていまして」

と言ったところで、

「あ、すみません。結構です」

と一方的にインターフォンを切られてしまった。やっぱりか。

「ちぇっ、なんだよ。話くらい聞いてくれてもよさそうだけどな」

文句を言いながら門を出た。「はぁ」、と自然にため息がでた。

こんなことは日常茶飯事だ。

もう当たり前すぎて、断られるのが普通くらいに思っていた。

でも、毎朝一発目のこの断りがなかなかきつい。その都度白髪が1本ずつ増えるかのようだった。

今日も始まったな、そう思いながら、地図にチェックを入れた。


運よく5番目の家で、玄関先で話を聞いていただくことができた。よし、これからが腕の見せ所だ。

この家は築20年ほどで、リフォームするにはもってこいの家だ。60歳くらいだろうか。上品な奥様に、プレゼンを始めた。

「奥様、こちらのお宅は、建てられて何年くらい経ちますか?」

「そうね、息子が生まれた時だから、もう24年になるのかしら」

「24年ですか。それならば、いろいろと痛んできているところも出ていることでしょう。当社では、ただいま決算キャンペーンを行っておりまして、この3つのコースのリフォームパックが、大変お得になっているんですよ。特にこの『NEW家パック』なら、新築の時のような綺麗な外観を手にすることができ、しかも決算価格で大変お得になっています。もしよろしければ、見積もりだけでもお出しさせていただけませんか?」

キャンペーンチラシを見せながら、まくし立てるようにその奥様に紹介をした。

「まだ24年だし、ちゃんと住めますよ。特にまだリフォームとかも考えていませんから」

ノリがあまり良くない奥様だが、キャンペーンのお得さだけでもお伝えしようと、必死に頑張った。

「でもいずれ必要になることですし、このお得な機会に見積もりだけでもいかがですか？」

「まあ、それはそうでしょうけど。うちはまだ……」

話が長くなるにつれ、その奥様の言葉も少なくなり、やがて喋っているのは僕一人という状態になってしまった……。


結局その奥様にもその後話しを聞いてもらうことはできず、次の約束も取れずに家を後にした。

「なんでこのメリットを分かってくれないんだ」

少しヤキモキしながら、地図に△の印を付けた。×は見込みなし、△は見込みあり、○はアポになった家という印だ。

地図上にほとんど○はない。契約となると尚更だ。

「この辺りは、まだリフォームには早いのかな」

×を書く度に、自分で自分を慰めた。

地図上をほとんど×と少しの△で埋め、棒のようになった足を車が停めてある駐車場の方に向け、上司への報告と日報への書き込みを考えながら帰っていった。

すれ違う人達は、僕と同じように、今日一日を終え、疲れきった表情で下を向きながらとぼとぼと歩いていた。


足元と道路を見ながら歩き続けている。

「はぁ、ついてないなぁ」

思わず口からため息が出た。

なんでいつもついていないんだ。

早くもっといいお客様と会えたらいいのに。

運がよければ他のみんなみたいに契約も取ってこれるだろうに……。

自分の運の悪さをつくづく呪った。

思い起こしても、小さな頃から損ばかりしてきた。

いつも友人達が要領よくいいとこ取りをして、貧乏くじを引かされていた。

なんでも真面目にこなそうとするのがお人好し過ぎるのだろうか。

中学時代も高校時代も、いつも何かにつけて損をした記憶しかない。

そう、僕はついてなかった。

「いてっ」

下を向いていて気づかなかった。電柱に肩をぶつけた。

「なんだよこんな所に、本当ついてないな……」

きっと今朝靴下を右から履いてしまったからだ。いつものように左から履けば良かった。いや、もしかしたらさっきの家で犬に吠えられたからかもしれない。あの犬本当にむかつくよな。心の中でいろいろな声がこだました。

誰もいないが周りにも聞こえるくらい舌を鳴らし、スーツの肩についた白い粉をはたき、また足元を見ながらトボトボと歩いていった。

事務所のビルに着いた。

しかし足が進まなかった。

注文を取れた日は意気揚々と帰るのだが、アポも取れない日はつらい。

課長の顔が目に浮かぶ。それが事務所に向かう足を遠ざけていた。しばらく外に出て、何度か深呼吸をした。

勇気を振り絞り事務所に帰ると、課長が待ち構えていたかのように話しかけてくる。

「浦田、今日はいいことあったか？」

来たか、いつものセリフだ。分かっているとはいえ冷や汗が走る。

「いやぁ、今日のエリアはまだまだ具体的にリフォームを検討している方が少ないエリアですね。まだまだ先の見込みですね」

取り繕うように言い訳を口にした。

「具体的とかそんなこと言ってるんじゃないんだよ。まず契約を取ってこい。言いたいことは契約してきた営業が言えるんだ。

まったく、給料もらう上に経費ばっかり使いやがって。わかっているのか！

それにしてもそろそろ決算も近づいてきたし、対策会議をしないとな」

眼鏡の奥の目が冷たく切り捨てた。この人は目だけで人を殺せるんじゃないか。真剣にそんなことを思った。課長は難しい顔をしながら、手帳を開きうんうん唸りだしている。

僕は礼をし、デスクに戻った。

また会議か。この人は本当に会議好きだ。何かにつけて会議をやろうとする。

いい加減、会議の多さにうんざりしていた。

しかもそのほとんどは現状の悪さの確認とか、予算がどうだとか、現状の悪いところの確認ばかりで、次にどうしていこうとかの建設的な会議ではない。ただひたすら聞いているだけの会議だった。

特に僕は会議のたびに吊るし上げられていて、いつも縮みあがっていた。僕にとって会議は憂鬱以外の何者でもなかった。

なぜ出来ないのか。

それを言い続けるたびに、つくづく自分がダメな営業だと知らされる思いがしていた。そしてその通りだと思えるような成績に、いよいよ落ち込まされていた。

「おう、賢二。調子はどうだ？」

大きな音が背中で鳴った。ちょっとすると痛みが襲ってくる。じーんと染み込んで来るような痛みだ。振り返るとそこにいるのはやっぱり生野先輩だった。新人時代に営業のことなどを教えてくださった先輩で、今もこうして気にかけてくださっている。成績はいつもトップで、本当に尊敬できる先輩だ。体育会のラグビー部だった生野先輩は暴力的な挨拶をいつもしてくる。この背中を思いっきり叩く挨拶は入社の時からだ。さすがに慣れたが、痛さには慣れない。でもそれがイジメと思えない優しさも持ち合わせているから、こういう人柄をいつもうらやましく思っていた。僕なんかただの真面目なお人よしで。

「えぇ、頑張ってますが、なかなか数字が伸びてなくって……」

「そうか、それにしても暗い顔だな。それはお客様に伝わるぞ。もっと明るくいけよ」

そう言うとニッと笑い、今度は優しく肩をポンと叩き、デスクの方に歩いていった。

「暗いか……」

否定は出来なかった。暗いなと言われて、何の反論も出来ない。僕自身がそれをよく分かっていた。でも明るく振舞おうとすればするほど、すぐに化けの皮が剥がれてしまう。頬の辺りが引きつってしまうのだ。笑顔が不自然なことを自分でも理解していた。

でもどうすることも出来なかった。

それにしても最近いいことがない。

何かにとりつかれているんだろうか？

夜の町並みを映している事務所のガラスに僕の顔が映っている。ニコッとしてみようとした。笑顔の変わりに涙が出そうになった。

ふと心に浮かんだ。

『すべてのことに意味がある』

入社したばかりの時に宮下部長に教えられた一言。でも僕の今の状況にどんな意味があるんだろう。僕にはまったく分からなかった。

雨の降る寒い日だった。

みぞれかと思うような冷たい雨に足元を濡らされながら、事務所に戻ってきた。カバンに入れてあったタオルでスーツを拭いた。小さな白い糸が張り付くのでそれを手ではたいた。

「ただいま帰りましたぁ」

僕の声に、奥のほうに座っている課長が反応した。

眉間にしわを寄せた顔で睨むと、

「浦田、ちょっと来い」

と、大声で叫んだ。

なにが起こったんだ。これから起こることに少し怯えながら、早足で課長のもとに行った。ハンカチで額の汗を拭う。

課長はいつにも増して強張った表情をしている。眼鏡の奥の目が厳しく光っている。その目を見ただけで僕の心は萎縮してしまう。

「浦田、先月工事完了したお客様、ちゃんとフォローしてるのか？」

「えっ？」

思考が停止し、もうなんの言い訳も浮かばなかった。

「お前まさか、完了後なにもフォローしてないんじゃないか？」

「あ……」

「やっぱりそうか。何をやってるんだ、いつもいつも……。クレームの電話が入ってきたぞ。すぐに行ってこい」

「はいっ」

僕は、すぐにそのお客さんのもとに向かった。

またクレームだ……。契約を取るのも苦しいのに、なんで取った後もこんな苦しい思いをしなくちゃいけないんだ？

ため息。逃げ出したい。そんな想いが僕の中を駆け巡る。

そのお客さんの所では、さんざん嫌味を言われたが、平謝りしながらなんとか許してもらうことが出来た。

それにしてもなんなんだ。なんでこんなについていないんだ。

元気を出そうにも、どこからも振り絞ることなんて出来ない。この世のすべての不幸が僕のもとに降りてきているような気さえする。

街中を歩いていると、周りにいる人達の笑い声が、まるで嘲笑しているかのようだ。

「はぁ」、またため息が漏れた。

町はこんな僕をよそに置いて盛り上がっている。すべてが関係のないことのように思える。僕だけどこか暗い場所の住人となり、異空間の中を漂っていた。

時計を見た。８時を回っている。

「こんな時は、飲みに行くか」

もう、飲んで忘れたい。今日は飲みに行こう。飲んでこんな思いを忘れよう。

携帯電話を取り出し、付き合ってくれそうな友達を探した。

たまたま大学時代の同級生の陽介がつかまったので、僕がよく行っている沖縄料理の店に行くことにした。

なぜなんだ。

今日はいつものストレスを発散して、盛り上がろう、そんな気持ちで陽介と飲みに行ったのに。

でも結局仕事のストレスをため込むようになってしまい、イライラしていた。こんなはずじゃない。そんな思いが駆け巡る。

その時だ、この言葉に出会ったのは。

損と得の道があるならば、損の道を行け

しばらく周りの声が聞こえないくらい考え込んでいた。心の中で、何人もの僕が討論を繰り返す。

その中で異色の存在が僕自身の中でどんどん大きくなり、他のネガティブな存在と葛藤を繰り広げていた。損の道。漠然としたその言葉の中に、今まで感じたことの無いよ

うな感情を覚えた。

そして、次第に心の一部を支配するようになっていった。

「損の道って何だろう？」

次の日も、またその次の日も悶々と考えていた。

損の道。そのフレーズが何度も何度も心の中に浮かんでは消え、僕を悩ませていた。

第二章　「損の道」

あの言葉に衝撃を受けてから1週間が経った。いよいよクリスマスの装いで飾られた天神の町を智博と歩いていた。風が冷たく感じる。今年の終わりが一歩一歩近づいてきている。

左右のショーウインドはクリスマスカラーで彩られ、町中がカラフルな電飾で賑わっている。

そして西通りは、カップルで溢れていた。

そんな中を歩くさえない男二人。

彼女でも出来れば男同士で飲みにくることもないんだろうが。もう一度ショーウインドに目を向けた。奥にある鏡が背中を丸めた二人のサラリーマンを写した。やはり何度見てもさえない光景だ。

最近目に見えて智博の元気がない。この前課長からこってり絞られていたが、それが原因なのだろうか。少しでも元気づけようと飲みに誘った。

「すっかりクリスマスだな」

「そうですね、なんかもう今年も終わりって感じですね」

一か月前も二人で来た焼き鳥屋に入った。

この店はお客さんが入ってくる度に、太鼓が打ち鳴らされる。初めての時は頭のてっぺんから声が飛び出すほどビックリした。

テーブル席が一杯だったので、炭の香りと煙の染みこんだ臭いのするカウンターに通され肩を並べて座った。

それにしてもこの店の活気はいつもすごい。圧倒されるようだ。

アテのキャベツを食べながら、もう冬だというのにキンキンに冷えたジョッキに注がれた生ビールを一気に半分ほど空けた。胃に流れ込んでいくビールの感触が不思議と良く分かった。

串焼きをセットで注文し、さらにアテのキャベツでビールをあおり続けた。

智博は、少し下を向いてちびちびとビールを飲んでいる。

きっとこの前のことで落ち込んでいるんだろう。

ここは先輩らしく、元気付けてあげよう。

「このあいだは、随分絞られていたな。大丈夫か？」

それとなく後輩を労わる言葉をかけるつもりだったが、その様子は、やはりいつもと違っていた。

「浦田さん、僕……」

思いつめた表情をしながら、言葉を自分の口の中に留めようとしているのか、次の言葉を発せられずにいる。

「どうした？」

「実は、ちょ、ちょっと、あの……」

「なんだ？　お前どうしたんだ？」

「いや、あの。実は、僕……、会社を辞めようと思っているんです」

「え？」

予想もしていなかった言葉に一時停止ボタンでも押されたかのように、目を丸くし口をポカンと開けながら、何も言えずにいた。

なんとか平静を装おうとし、右手で髪をかきあげ、心を整理しようとした。

「辞めるってお前、辞めてなにするんだ？」

「いえ、まだ何も決めてはいないんですけど……。僕は営業には向いていないんです」

今にも泣き出しそうな表情をしたあと、大きなため息をしてまた下を向いた。

必死で励まそうとしたが、励ましの言葉が見つからなかった。

向いていない。その言葉が迫ってくる。

僕自身が、営業に向いていると胸を張って言えなかった。

「そうか」

もうちょっと頑張ったらどうだと言いかけて、その言葉を生つばと一緒に飲み込んだ。
それっていつまでなんだ。
いつまでこのつらい営業を続けていくんだ。
「僕はいつも損してばかりなんです。要領も悪くて。
どんなに一生懸命やっても、一向にいい事なくて……。
本当にうんざりしてきたんです。きっと営業には向いてないんです」
無言の二人の間に、串焼きが置かれた。でもそれに手を付けられずにいた。
長い沈黙が、二人の間で佇んでいた。
そうだ、そうなんだ。
僕も同じように、いつも損をしていた。
ついてないと心から思っていた。
「そうだよな」
そう呟いたきり、顔を上げられなくなった。

掛ける言葉が見つからなかった。どこも変わらない。
周りでは笑い声がこだましている。どいつもこいつも幸せそうだ。
いったいなにやってんだろう……。
少し涙が浮かんできた。でもそれを悟られまいと下を向いていた。

その時だった。
突然心の中にあの言葉が浮かんできた。

損と得の道があるならば、損の道を行け

浮かんだ言葉になにかが反応した。

「損、そうか。そうだ。損したっていいじゃないか。損と得の道があったら、損の道を行けばいいんだよ」

思いがけない言葉が口から飛び出し、僕自身がビックリした。

智博も何がなんだか分からないという顔だ。

「損の道ですか？」

「あぁ、そうだよ。損か得かだけですべてを判断するのって、人としてのスケールが小さいと思わないか」

「スケール？」

「そうだよ、自分だけが得をしようなんて、ただのワガママじゃないか。そんなワガママな人ばかりで社会が埋め尽くされたらどうなるだろう？」

少し考えるそぶりをした。

「それは、ギスギスして、居心地の悪い社会になるでしょうね」

「そうだよ、きっとそうなる。でも自分が損をするということは、誰かに得をさせているってことだよな？　そうすると人が笑顔になるんじゃないか？」

　なんだか違う人格が話しているかのようだ。今まで心の奥深くでくすぶっていた奴が堰を切ったように語りだしていた。

「損していいんじゃないか。損しようよ。誰もが得をしようとするなら、僕らが進んで損をしよう。その方が人として大きくなれるんじゃないか？」

「浦田さん？」

　いきなり人が変わったように言葉を発する僕に驚かされながらも、その意味を深く理解しようとしていた。

　僕も自分自身が発した言葉に教えられているような気がしていた。

　そうだ、確かにいつも自分が得することばかり考えていた。

　でもそれは、人に損をさせることなんだ。人から笑顔を奪うことなんだ。

　そんな自分のことばかり考える奴が、人から信頼されることなんてない。僕なら間違いなく信頼しない。

そうか、だからいつもうまくいかないんだ。

自分で自分の運命を悪くしていたんだ。なんでこんなことに今まで気づかなかったんだ……。

悔しい、とにかく悔しかった。過去の生き方を恥じた。

そしてなにかが変わった。

目が覚める思いだった。

損や得で判断していた今までの自分が本当に嫌に思えた。

まっすぐに見つめて言った。

「明日から進んで損をしようよ。

いいじゃないか。丁度辞めたつもりになって、今度は人としてのスケールの大きさを目指そうよ」

「進んで損を、ですか？」

「そうだよ、目の前の損を引き受けようよ」

「そうですね」顔が少し明るくなった。

「損を引き受ける。なんか気が楽になりました。でも浦田さんって、前からこんな人でしたっけ？」

クスッと笑った。

「いや、今この瞬間生まれ変わったんだ。よし、やるぞ。今日は飲もう」

「はい」

ビールをあおった。勢いよく喉を通過していく。豚バラをほおばりながら、生まれ変わろうとしている自分達にワクワクしていた。

串焼きはいつもと違う味がした。なぜだか分からないが、いつもよりしっかりとした塩味がしていた。そしてまた太鼓の音が鳴った。胸に響いてくる音に心も躍った。

目が覚めるともう9時になっていた。

今日は久しぶりに天気がいいようだ。カーテンの隙間から、明るい光が少し差し込んできている。

少し二日酔い気味だが、いつものだるい感じはない。

今日は休みだ。でもいつもの休みとは違う。

いつも休みは昼過ぎまでだらだらとし、終わりが近づくにつれて憂鬱になっていた。サザエさんのテーマ曲を聞くのが嫌だった。

でも今日はなぜか早く動き出したくてウズウズしている。

布団を払いのけ、跳ねるように起きると、使っていないノートを取り出し、昨日の思いを書き出し始めた。

『損してもいいじゃないか、損の道を行こう』

『自分が得をしようとすることは人に損をさせること。自分が損をするということは、人に得をしてもらうこと』

『損か得かでしか判断できないのは、人としてのスケールが小さい』
『人としてのスケールを大きくしていこう』
ノートに大きく力強く書きなぐった。
少し興奮していた。こんなことは社会人になってはじめてかもしれない。
なんだかウキウキしている自分が可笑しかった。

いつもならテレビを見ている時間だ。でも今日はテレビのことは忘れていた。
ノートを見たり天井を見たりしながら、ひたすら考えていた。
でもなにが出来るだろう。損をするってどういうことなんだろう。
具体的に考えると何をしていいのか分からなくなった。
「とりあえず、小さなことからでも出来ることからだな」
まずは自分が損をして、人に得をしてもらうことを書き留めだした。
今まで損することとなんて考えなかったから、なかなか出てこなかったが、振り絞るように書き出していった。

『他の人の車に道を譲ってみよう』

『駐車場は一番奥に止めてみよう』

『募金も損することになるのかな……』

『手柄を人に譲る、これは出来るか?』

まったく浮かんでこない。いざ具体的に考えるとなかなか難しい。損をすることに本当に慣れていないのだろう。

でも、まずやってみることだと思い、書いたことをやってみることにした。

手始めに今日は、他の人の車に道を譲ることからしてみよう。

何かやろうとする気持ちと何をやっていいのか分からない気持ちの狭間で、これでいいのか不安になりながら、とりあえずドライブに出かけることにした。

冬に近づいている寒さの中で、照った太陽の光はまぶしく、最初は凍えるようだった車の中はみるみる暑いと感じるくらいになっていた。

どこかに出かけるというのでもなく、ただ車を走らせている自分が少し笑えた。

とりあえずの課題は、右折車を先に行かせること。

今までにないくらい注意深く対向車に目をやった。

片側一車線のこの道は交通量も多く、特に朝はよく混んでいる。

走っているうちに、15ｍほど向こう側で白い軽自動車が右のウインカーを上げた。

その光の点滅を無視するかのように、前の車はそこにねじり込み、前の車との車間を詰めていく。そして対向車が入れるスペースがないままで前の車が道を閉ざした。

右折車は佇んだままで、後続車は歩道の方まで入り込む勢いで、左に詰めながら前に行こうとしていたが、さすがに前に出れずにいる。すぐに後ろに10台程が並んだ。

なんで前の車は、その前が詰まっているのに、交差点に割り込むように前に出たんだろう。

たった5m詰めなければ対向車線は普通に流れていたのに。

悪びれもしないその前の車に少し苛立ちながら、青信号を待った。

もしかして気が付いていないだけで、こんなことしていたのか。過去の自分の行動を振り返るように考えていると、信号が変わり、車は前へ進みだした。

しばらく行くと、向こうに右のウインカーを上げている車がまた現れた。

「いよいよチャンスが来た」

と、パッシングして、右折車に先にいってもらった。

対向車の運転手は、軽く手を上げてお辞儀をしながら右折していった。

たいしていいことをしたわけではなかったが、なんか少し気持ちがよかった。

当然対向車線は停滞しなかったし、こっちの車線も渋滞はしなかった。

「あぁ、譲るって損をしているようで、少しも損をすることじゃないんだ。でも自分が損をしないようにと考えると、周りに迷惑をかけるんだな」

今更ながら当たり前のことに気づいたような気がした。

その後何回も譲るチャンスをもらったが、何度かやると、今度は前の車が対向車に譲りだした。あの詰めていた車がだ。

「もしかして嫌味だったかな」

ずっと後ろで何度も何度もパッシングしていたから少し心配はしたが、でもなんか嬉しかった。

『譲る気持ちって伝染するんだな』とメモに書いてみた。


道を譲る。

僕は今までどれだけの道を譲ってきただろう。

ほとんどが前を走っていた車のように、間に割り込まれては困るからと、少しでも損をしないように、意味もなく前に詰めていた、それが自分以外の多くの車に迷惑をかけていることを知らずに。

やってみて分かった。なるほど、損をしているのは譲らない人だけで、譲っても損はしない。それはそうだ。

それよりも、譲らなかったことで、対向車線に渋滞を引き起こしていたことを申し訳なく思った。

いつも車の運転はしているが、なんだか視野が広がった気分だ。

車から見える景色も少し違っているように感じた。


しばらく走ったあと、コンビニで昼食を買った。

車は店舗の入り口から一番遠い場所に。

これも今日書いたことだ。

軽い二日酔いだったのでうどんを買い、それからようやく自宅に戻った。

昼食を食べながらまたノートにさっき思ったことを書き出していた。

少しでも得をしたい、そういう思いが渋滞を引き起こしていたのか、なんてことを思うがままに書いていた。

何よりも、損をしているという錯覚の中で生きていて、実は譲っても損をすることはない。そんな風に気づいたことは、今までにない発見だった。


しばらくしてペンが止まったとき、脳裏に一つのことが引っかかった。

「そういえば、永業塾塾長って誰なんだ？」

ベッドに仰向けに横たわって天井を見た。

昨日突然飛び込んできたあの言葉。

あの言葉と出会わなければ、今日こんな日を過ごしてはいない。

対向車を先に行かせたり、渋滞の一つの理由に妙に納得して、今度からは自分から譲ろう、なんて決意したりはしなかっただろう。

どんな人なのか興味がわいてきて、すぐにインターネットで永業塾塾長を検索してみた。

しかし期待していたような情報は得られなかった。

ある人のブログで『永業塾塾長』というキーワードを発見したが、札幌で会社を経営しているという情報くらいしかなかった。

住んでいる福岡とは遠く離れた札幌。

とうてい縁のない人なんだろうか……。

パソコンの画面に向けている目を、天井に向け、大きく息を吐いた。

その時、携帯電話が鳴った。

「浦田さん、昨日はありがとうございました」

思いのほか明るい智博からだった。

「あぁ、お疲れさん。二日酔いじゃないか？」

「はい、大丈夫です。それよりお伝えしたいことがあって」

「どうした？」

「いえ、昨日言ってた、辞めようかという話。いろいろ考えたんですが……、もう少し頑張ってみます。昨日、浦田さんと話していて、なんだかもう一回頑張ってみようかなって。損の道、やってみます。」

「おぉ、そうか。良かった。俺も頑張るよ。一緒に頑張ろうな」

「はい、有難うございました」

損の道、同じ気持ちだった。

何か目標が出来たような感じで、ワクワクしていた。

ノルマに追われたここ数年では、感じたことのない感動だった。

第三章　「足元にある道」

12月に入って10日が経ったが、相変わらず成績は芳しくなかった。

課長からは毎日のように檄を飛ばされ、事務所では生きた心地がしなかった。

だけど、最近少し変わってきている気がする。

営業に行くのが、楽しくなってきていたのだ。

確かに断られてしんどいのは変わりがなかったが、お客様の反応が少しずつ変わってきているのが嬉しくてしょうがなかった。


お昼のチャイムがなった時、生野先輩が声を掛けてきた。当然思い切り背中を叩かれながら。

「賢二、昼飯付き合えるか」

お昼ご飯の誘いだった。背中を叩かれて咳が出そうだったが、なんとか耐えた。

「はい、大丈夫です」

今日は比較的ゆっくりとした昼を過ごせそうだったので、ご一緒することにした。

生野先輩とお昼に行くのは久しぶりだ。

昼食に出る人達の多さにうんざりしながら信号を渡り、一本目を左に入って、サラリーマンで一杯になった定食屋に入っていった。

奥のテーブル席に座り、焼き魚定食を頼んだ。サバが半身で出てくる定食だ。

「賢二、この前はひどく暗い顔してたけど、大丈夫か？」

生野先輩がご飯にかける卵を割りながら聞いてきた。心配してお昼に誘ってくださったようだ。

「はい、確かにあの時はなんかこう、ついてないっていうか。すべてがうまくいってない感じで。

でも最近、ちょっと変わってきたんです。そう感じるんです」

「へぇ、なんかあったのか?」

興味深々に聞いてきた。

「いやぁたいしたことではないんですけど。なんていうか、ある言葉との出会いで変わったというか」

「言葉?」

眉がちょっと動いた。

「はい、損と得の道があるならば、損の道を行けっていう言葉なんですけど」

「損の道か」

「はい、それからなんとなく自分がうまくいってなかった理由が少し分かったというか……、自分自身変わっていこうと思ったんです。

それ以来、少し気持ちが変わってきた感じがしてて」

「そうか、いいことじゃないか」

優しい目で見てくれていた。

少し真剣な表情に変わった生野先輩は、諭すような口調で話し出した。

「賢二、気持ちが動いた時は、すぐに行動に移していけよ」

「行動ですか？」

「そうだ。まず動くんだ。感じたことを行動に移すということが大切なんだ。感動という言葉があるだろう」

「はい」

「あれはもともとどういう意味なのか知っているか？」

「えっ、意味ですか」

感動。映画に感動したり、ドラマに感動したり、その感動のもとの意味？　首をかしげたまま何も答えられずにいた。

「感動というは、もともと『感即動』という言葉からきたそうなんだ。感じるとは即ち動くこと。動くということがなければ、感じているとは言わない。だから動いて初めて感じるということなんだ」

「動いて初めて？」

「お前、浦島太郎の話は知っているよな」

「浦島太郎ですか。あの亀を助けて竜宮城に行く話ですよね」

「そうだ、あの浦島太郎はなんで竜宮城に行けたと思う？」

「なぜって、そりゃ亀を助けたからですよね」

「そうだよな、子供達にいじめられていた亀を助けたから、竜宮城に連れて行ってもらえたんだ。でも浦島太郎がその場で取れた対応はいくつかあった」

「いくつか、ですか」

「まず一つ目は、亀をかわいそうともなんとも思わずに、そのまま通り過ぎるということ。この対応で浦島太郎は竜宮城に行けるか？」

「絶対無理だと思います」

「そうだよな、じゃあ二つ目。亀をかわいそうだと思ったが、自分には関係のないことだと何もせずにその場から立ち去った。これではどうだ？」

「これも絶対に無理です」

「そうなんだ。竜宮城に連れて行ってもらうという結果に結びつく為には、かわいそうという思いを行動に移さなければならないんだ。

一つ目も二つ目も、得られる結果は変わらないし、傍から見ていてなんの違いもないだろう？」

「確かにそうですね」

「だから思ったことや感じたことを行動に移さなければならないんだ。思っているとか感じているだけで終わらせることだけはするな」

そう言ってニコッとした。

行動する大切さを教えてくださっていた。

確かに思うだけで何もしなければ、なんの変化も生まれない。

なるほどと腑に落ちた。

「でも行動に移すためには、自分の中にきっちりとした信念が必要なんだ」

「信念？ですか」

「そう、信念だ。

浦島太郎が亀を助ける前に、いろいろな思いが邪魔をしたはずなんだ。

自分には関係ないとか、誰かがやってくれるだろうとか、これが元でなんか自分に損なことが起こるんじゃないかとか、そういうマイナスイメージが自分の行動にストップをかけてくるんだ」

確かに。もし同じ立場だったら亀を助けにいっただろうか？

視線を落とし、考え込んでしまった。

「そのイメージを振り切って行動できた浦島太郎は、信念がそれを助けたんだ。

正義感だったのかも知れないし、倫理感だったのかも知れない。

弱いもののイジメを絶対に許してはいけないと親に言いつけられていたのかも知れないし、命を大切にするような心を以前から持っていたのかも知れない。

そういう信念を自分自身で見つけるんだ」

信念。これだと言える信念ってなんだろうと考えていた。

今あえて言えるとしたら、『損の道を行く』くらいだろうか?

「いずれにしても、浦島太郎は感じたことを、信念を持って実行に移し、そして自分の未来を変えたんだ」

その言葉が胸に染み込んできた。


そうだ、いつも思ったり感じたりするだけで、行動に移さずにきていたんだ。

いつか出来るようになる、誰かがやってくれる、いろいろなマイナスイメージに負けてしまって、二つ目の浦島太郎のような対応で生きてきたんだ。

落としていた視線を戻し、少し息を吐いた。

「確かにいつも思うだけで終わっていたんじゃないかと思います。行動に移さないことには、成長していかないんですね」

「そうだ、どんどん行動していけ。必ずそこに学びがあるから」

学び、これまで学びだと思っていたことは、もしかしたら学んだ気になって、なんの成長にも繋がっていなかったのかもしれない。

「そしてその行動の先を忘れるな」

「その先ですか」

「そうだ、ただ行動するだけでは、まだ成長の階段に足をつま先だけ乗せたに過ぎないんだ。そこで学んだ気になってしまっては、その先に行けないんだ」

その先、行動の先に何があるんだろう。

生野先輩をじっと見つめた。

「いいか賢二。

大切なのは、何を学んだかではなく、何が出来るようになったかなんだ。その出来るようになったことが、はじめてお前の成長に繋がるんだ」

力強い言葉。言葉が胸に刻み込まれた。

「出来るようになるために必要なことが、続けるということだ。学んだだけで満足するな。出来るようになるまで続けていけ。その出来るようになったことがお前自身の成長なんだよ」

続けること。3日坊主の僕には少し耳の痛い言葉だった。

行動し、続ける。

そして出来るようになって初めて成長になる。

確かにそうだ。

何が出来るようになったかが成長なんだ。

これまでの営業人生で、何が出来るようになったんだろう。

胸を張って言えることなんてたいしてない。

今まで中途半端で終わらせてきた自分自身がすごく恥ずかしく、そして悔しかった。

過去の自分を悔やんだ。

「確かに何をやってきたんでしょう……。本当に成長できていなかったです」

目に涙が浮かんできた。

そんな僕を見ながら、優しく語りかけてくれた。

「賢二、大丈夫だ。成長しない奴なんかいないんだよ。

お前も必ず成長しているんだ。

でも、自分で意識をしている成長なのか、そうでないかの違いがあるんだ」

「意識？」

ハンカチで目を押さえながら聞いた。

「自分で感じて、自分で動いて、自分で続けて、自分で身に付ける。

そうやって出来るようになったことが自信につながるんだ。

意識せずに出来るようになったこと、それは自信には繋がらない」

生野先輩は続けた。

「例えばお前は日本語を話せるよな」

「はい、話せます」

「日本語も立派な語学だ。

でも日本語を上手に話せるということがお前自身の自信に繋がっているか？」

「いいえまったく」

「そうだよな。じゃあ例えば英語を話したいと感じて、ちゃんと習って、話せるように
なったとしたらどうだ？」

「それは自信になると思います」

「そうなんだよ。自分で意識をした成長だから自信に繋がるんだ。

出来るようになっていることはたくさんある。

俺たちは日々何らかの成長をしている。

お前が日本語を話せるのだってそうだ。生まれたときは話せなかったんだから。

そうやってなんらかの成長はしているんだ。でも成長を実感するためには、そこに自
分の意思が入らなければダメなんだ」

とても大切なことを教えてくれていた。

僕の為にこんなに真剣に教えてくれる先輩。

感動して言葉がでなかった。

少し間を取り、ニコッと笑って言った。

「何か感じたか？　じゃあ行動に移していかないとな。

まずは昼飯を食おうか」

「はいっ」

少し冷めてしまった定食をほおばった。

それでもこんなに温かいと感じるお昼ご飯は、久しぶりだった。

「ところでさぁ、さっきお前が言ってた、損の道って何だ？」

５分ほどで食べ終わった生野先輩が話しかけてきた。生野先輩は、体育会系では食事は５分だといつも言っているが、本当にあっという間に食べてしまう。この人はちゃんと噛んでいるのだろうか？

噛んでいたご飯を味噌汁で流しこんだ。

「損か得かの道があるなら損の道を行けっていう言葉なんです」

「それってお前が考えたの？」

「いえいいえ、違いますよ」

「じゃあ誰かの言葉なのか？」

「はい、永業塾塾長っていう人の言葉なんです」

「？『えいぎょうじゅく』ってもしかして営業じゃなくて永業？」

箸袋の裏に文字を書いて聞いてきた。

「はい、その永業塾ですけど……。まさか？」

もしかして何か知っているのか？　胸が高鳴るのを感じた。

「いや、直接は知らないんだけどな。確か札幌の方で営業セミナーとかもしている人だよな」

「何かご存じなんですか？」

「いやぁ以前お世話になっているお客様から聞いたことがあってな。その時は、東京で講演会があると聞いて、絶対君の為になると誘われたんだけど、さすがに福岡から東京にいくとなると億劫でな」

「そうですか……」

何か分かるかと思ったが、あまり知らなかった。でも講演会をしている方だったら、いつかは会えるのかもしれない、そんなことを考えていた。

「でもそのお客様も、ただの営業のテクニックを教えるんじゃなくて、生き方が変わるみたいなことをおっしゃってたな」

「確かに少し変わっていきそうです」

「そうか、俺も一度会ってみたいな」

生き方が変わるセミナー。僕は言葉一つで少し変わろうとしていた。名前も知らないしまだ会ったこともないその人に、心は惹きつけられていた。

物思いにふけっていると、何かを見た生野先輩が驚いた表情をした。

「あっ、やべっ」

「えっ？　あっ！」

時計を見ると1時を回っていた。周りにいたはずのサラリーマン達も、いつの間にか席にはもういなかった。

早く事務所に帰らなくちゃ。

課長の怒った顔が目に浮かんだ。

その日の営業では、いきなりキャンペーンの話をするのを止めた。

とにかくお客様の役に立ちたい。そんな気持ちだけだった。

ついさっき言われたように、損の道を行くという信念を持って、行動していこうと心に決めていた。

結局今日も注文を取ることが出来なかったが、でもお客様の反応が違うのを感じた。

まず、なにより後ろめたさがなくなった。

こっちの都合ではなくお客様の都合を考え、どう自分が損をするか、そんなことばかり考えていた。

そうするとなんか吹っ切れたような感じで、前まで抱えていたような恐怖感もなく、お客様に会うことが出来た。

「いつか必ず成果につながる」

そんな根拠のない自信を胸に家々を回った。

その日の帰り道、ふと落ちているゴミが目に留まり、それをなんとなく拾った。

何か不思議な気分だった。なぜいきなりこんなことをしたんだ？

そういえば、落ちているゴミなんて今まで気にしたことはない。

「でもこれも損の道って言えるかな」

教えられたように、感じたならとにかくまず動くことだと思い、帰り道のついでに道端のゴミを拾い出した。

ちょうどコンビニの袋も落ちていたので、それに入れながらゴミを拾って帰った。

「今日回らせていただいて、有難うございます」

自然とそんな言葉が出てきた。小声でぶつぶつつぶやきながら所々に落ちているゴミを拾う姿は、周りから結構変な人に見えているはずだ。

でも落ちているゴミを拾うたびに、なぜか少しずつ晴れやかな気持ちになっていった。

こんな風にゴミを拾うなんて初めてだ。損の道なんて考えなかった頃には、思いもよらないことだった。

少し変われたのかな？　そんなことを思いながらまた足元に見つけたタバコの吸殻を拾った。

夕焼けに照らされた雲が様々な色をしている。空を見上げて息を大きく吸い込んだ。自然に笑顔になった。

持っていたゴミ袋は、その住宅街を出る頃には一杯になっていた。

事務所に帰ると、宮下部長が僕の席の所にいた。

「やぁ、元気で営業しているか？」

優しい笑顔で声をかけてくれた。

宮下部長は、不動産の方とこのリフォームの両方に出向くため、ここでお会いするのは久しぶりだった。ここに来るたびにいつも気にかけてくださっている。

　採用の面接で見たこの優しい笑顔。眼鏡の奥に見える目と目尻に人柄がにじみ出ていた。

　そう、この笑顔に魅せられてこの会社に入ったんだ。

「ありがとうございます。

　まだ多くの受注を取れていませんが、頑張っています」

「そうか、頑張っているか」

「はい、そのうち大きな受注を取ってきますので、ご期待ください」

　軽口を聞いた宮下部長が、優しさの中に厳しさも兼ねたような目で見つめ、そして言った。

「浦田君、でかいことを望むなよ。

　いきなり大きな成果をあげようとしてはいけないよ」

「えっ、どうしてですか?」

「大きな成果を望みすぎると、目の前の些細なことを軽く捉えてしまうからだよ。君は二宮尊徳を知っているかい？」

「確か、薪を背負って本を読んでいる人ですよね」

「そうだ。彼は農民でありながら多くの勉強をし、やがてたくさんの貧しい村を復興させた。

その二宮尊徳がね、こんなことを言っているんだ。

大事を為さんと欲すれば、小さなることを怠らず勤むべし
小積もりて大となればなり

米俵は大きな米粒が入ってあのように大きくなっているのではなく、小さな米の一粒一粒が集まって初めて一俵になっているという教えだよ。つまり、大きなことを望むがために目の前の些細なことを粗末にしてはいけないということだ」

「はい……」

早く大きな成果を挙げたいと思っていた自分が恥ずかしく、シュンとなってしまった。

「ははっ、少しこたえたか。でも大切な教えだ。忘れるなよ」

「はいっ」

「そうやって目の前の些細な一つ一つに心を込めてやっていく。それがいずれ成果に繋がるんだ。すべてのことに意味があるからね。

いつも心に留めておいてごらん。

目の前の些細なことに手を抜いていないかってね。

君は僕が初めて採用した営業なんだからね。必ず出来ると信じているよ」

「はい、ありがとうございます！」

居心地が悪いと感じていた事務所にも、まだ期待してくれている人がいる。

それが宮下部長だということも、本当に嬉しかった。

そして目の前の些細なことに手を抜かない。本当に耳の痛い言葉だった。

少しでも早く成果を挙げたいと思っていたが、少し立ち止まって足元を見なくてはならないと思った。

小さいことでも怠らない。

そう言える毎日を過ごしているのか。

そんなことを考えていると、途端に今日やることが頭の中に溢れてきた。

怠らずにやろう。

そう心に誓い、デスクについた。

第三章　「足元にある道」

第四章　「坂道」

12月も後半に入り、課長のプレッシャーがどんどん激しくなっていた。最近笑っているのを見たことが無い。

相変わらずまったく注文が取れずにいる。当然風当たりは強かった。でも以前のようには落ち込んでいなかった。やるべきことがある。

その日の日報を書こうとしていた時、向こうから智博がやってきた。なんだか少し嬉しそうだ。

「浦田さん、やりました」

「お、どうした？」

「損の道、いろいろやってたら、今日、それが転じて見積もりの依頼をいただけたんですよ」

「おぉ、すごい。良かったじゃない」

「浦田さんのおかげです、ありがとうございます」

「俺のおかげじゃないだろう、お前が頑張ったからだよ」

以前なら、なんか損をしたような気になって、悔しい思いが込み上げてきたのかもしれない。でも今は本当に喜んでいるのが嬉しかった。

「でも、何があったのか教えてくれよ」

少し照れくさそうに横の椅子に座り、いつもの謙虚な口ぶりのまま今日の出来事を話してくれた。

「実は、今日営業に行っていたエリアで、自転車のチェーンが外れて庭先で困っている奥様がいらっしゃったんです」

「へぇ」

「そんなの今まで何も気にしていなかったんですけど、その方は困っているわけですし、浦田さんが言ってた損の道ってのを考えてると、手が汚れたりとか考えずにただ役に立ちたいと思ったんです」

「おぉ、それでどうしたの？」

「その奥様の自転車のチェーンを直してあげたんです。手が真っ黒になりましたけど、これも損の道なんだって、自分では汚れたことを何とも思わなかったんです」

「いいことじゃないか。なかなか出来ないよな」

そう、普通は簡単に出来ることではない。

「すると、有難うって言われた後に、ところであなたは何をしにきたのって聞いてこられたんです。まったく名乗らずに手伝ってたんですよ、変ですよね」

「怪しまれたの？」

「いいえ、そんなんじゃないです。その後自己紹介して、住まいの方でもお困りのことはありませんかって聞いてみたんです。すると、たまたまお困りのことがおありのようで、いろいろと教えてくださったんです」

「へぇ、そうなんだ」

「それで、明後日見積もりをお持ちするアポイントが取れました。こんなに期待していただいているアポイントは初めてです。しかも、お客様の方から依頼いただくなんて」

明らかに活き活きしていた。少し前まで辞めたいと言っていた奴と同一人物だなんてとても思えない。

「きついこともありますけど、苦しいときの一歩一歩が成長の一歩なんですよね」

「おぉ、言うようになったじゃないか」

「いえ、受け売りなんですけどね。昨日大学の先輩から教えてもらった言葉なんです」

「へぇ、どんな言葉？」

「これなんですよ」

そういって、大事そうに手帳から取り出して見せてくれた。

取り出したのは一枚の紙だった。

筆文字で力強く書かれていた。

それに目をやった時、目の前の時間が止まった。

坂道を登っている時には、頭を下げ下げ歩いていくもんだ　永業塾塾長

「永業塾塾長……？」

「あれ、浦田さん知ってるんですか？」

「あ、いや、知ってるってことではないけど」

必死に状況を理解しようとした。なぜあの永業塾塾長の言葉を？　いったいどういうことなんだ。

「きつい時こそが成長の階段を上っている時なんですって。確かにそうかなと思いますね。」

「あぁ、そうだね。ところでその先輩はこの人知ってるの？」

「いえ、先輩も知り合いから貰ったそうなんです」

「そうか……」

再びあの人の言葉に出会った。

これは偶然なのだろうか。

「浦田さんに教えられた、『損の道』も道でしたし、道つながりですね」

「あぁ、そうだな」

少しノリが悪いのを不審に思ったらしく、突っ込んできた。

「どうしたんですか、浦田さん。どこか調子が悪いんですか?」

軽く首を振りながら、少しニコッとした。

「いや実は、この『永業塾塾長』ってな、損の道を説いてくれた人なんだ」

「え、浦田さんの師匠だったんですか?」

「師匠ってことでもないんだ。まだ会ったこともないし。でも、不思議なこともあるもんだな、こんなところでまた会えるなんて」

「人は会うべく人に会うべくタイミングで会う、すべての出会いは必然である、という奴ですね。これもその先輩の受け売りですけど」

そう言いニコッとした。照れ臭かったらしい。

確かに凄いタイミングで会った。この言葉とも。

話していたタイミングで言葉が降ってきて、その相手からまた違う言葉を教えてもらった。しかも同じ人の言葉を。

少し気味悪さを感じながらも、縁という奇妙さに唖然とさせられていた。

「いつか会えるんじゃないんですか？　この方とも」

「そうだな、縁って奇妙なものがあるんだからな」

損の道という道を教えてもらい、歩き出した僕。未来への希望をもらった。

でもなかなか結果の出ない日々。

そしてこれは成長への坂道だという、勇気づけてくれる一言。

まさに、今の状況と言葉の出会いが絶妙だった。


頭を下げ下げ上る坂道。

でもこれは、成長への一歩なんだ。
苦しいと感じるときほど、
成長しているときなんだ。
怖れることはない。
歯を食いしばって、
その一歩を踏み出そう。

そして、楽だと感じる道。
これは下っているからなんだ。
堕落への道なんだ。
楽な道を選ばない。
それが成長し続けるために必要なことなんだ。

ノートにこんな言葉を書いた。
そうだ、苦しくったっていい。
今、成長していってるんだ。
そして、この言葉が新たに加わった。

坂道を登っている時には、頭を下げ下げ歩いていくもんだ

苦しい中にも希望が生まれた。
苦しい今が、明日の為に必要なものだと分かった。
どんなにしんどくても、足元しか見えないくらいへこたれていても、一歩だけ進もう。
僕にしか登れない坂道を登ろう。

何かを書き込むたびに、心がワクワクしてくるのを感じた。
そしてノートを見るのが毎日の日課になっていた。
このノートを見るたびに、勇気をもらえる気がする。
そしてまだ何も書かれていない白いページが、更にワクワクさせていた。

第五章　「踏み外したところにもある道」

いつものように住宅街を営業して回っていた。

今日は風が冷たく、顔が痛かった。時折息を吹きかけた手のひらで顔を覆って少しだけの暖を取る。

小学生が集団で下校をはじめた頃、携帯が鳴った。

「はい、レインボーリフォームの浦田です」

「浦田さんですか？」

「はい、そうです」

「藤田といいます。ちょっと相談に乗って欲しいことがあるんだけど、今から来れますか？」

電話の相手は、昨日営業で回っていたところのご主人だった。

「はい、大丈夫です」

なんの打ち合わせもなかったので、すぐにその藤田様のもとに向かった。

何だろう、相談って？

あまりないシチュエーションだったので、なんだか少し戸惑っていた。


この季節の日暮れは早い。

もうすっかり太陽が明日への備えをし、辺りがそろそろ暗くなりそうな頃にようやく藤田様の家に着いた。

「あぁ、突然すみませんね、どうぞ」

「失礼します」

応接間に通され、改めて名刺をお渡しした。

「お電話ありがとうございました。ご相談ということでしたが？」

「いやぁ、実はそろそろ外装のリフォームを考えていましてね。浦田さんのところで見積もりをお願い出来ないかと思ってるんですよ」

「えっ、あ、見積もりですか？」

「外装は取り扱ってないかな」

「いえ、いいえ、大丈夫です」

突然の見積もり依頼にビックリしてしまった。こんな形でお客様から電話いただいて見積もりの依頼なんて初めてだった。

狐に摘まれたような顔をしていたんだろう。藤田様は安心させるかのようにおっしゃられた。

「急にごめんなさいね。いやぁ実は昨日営業に来られたときは、すぐにお断りしたんだけど、その後ちょっと気が変わってね」

「はぁ」

「もともといずれはリフォームをと考えていて、そろそろかなとも思っていたんですよ。それで、できれば浦田さんにリフォームのお願いが出来たらいいなと思ったんですよ」

なんだ、何が起こっているんだ。

まだまったく理解出来ずにいる。

「あのぉ、またなんで？」

恐る恐る聞く僕に、藤田様は続けられた。

「いやぁね、昨日来られた後、犬の散歩をしている時にね、あなたを公園の横で見かけたんですよ。

ゴミを拾ってましたよね。ちょっとビックリしちゃって。

リフォームはどこかにお願いしようとしてたけど、なかなか依頼先を探すのが面倒くさくて、そうはいっても訪問販売も怖い気がしていて。

でも昨日浦田さんの姿を見かけたときに、この人にならお願いしようかなって思ったんですよ」

「本当ですか？」

信じられなかった。

確かに昨日も帰りがけにゴミを拾っていた。

でもそれを偶然ご覧になられた方に、見積もり依頼をいただくなんて……。なんだか嬉しかった。

「ありがとうございます」

深々と礼をして藤田様の家を後にした。


早速アポをいただき、2日後見積もりを持って行った。

今まで経験したことがないくらい、藤田様はあっさりと注文下さった。

注文をいただいた後も、やっぱり信じられなかった。

こんなことがあるなんて。

藤田様に感謝しつつ空を見ていた。

雲の切れ間から差し込む光が眩しかった。

12月が終わった。

ノルマ達成とはいかなかったが、最後の藤田様の注文のおかげで、なんとか正月を迎えられそうだ。とはいってもやっぱり成績は定位置だったが……。

「浦田さん、最後良かったですね」

満面の笑みで話しかけてきた。

智博もあの自転車の方から注文をもらっていた。嬉しそうだった。

「お互いまだまだだけど、とにかく良かったな」

「そうですね、なんとかって感じです」

「おぅ賢二、最後良かったな」

太い声が聞こえると同時にまた僕の背中がバァンとなった。

生野先輩はまたもトップの成績だった。

「まぁ、なんとか」

「今日は今年最後だし、飲みに行くぞ。お前も来い」

「はい！」

2人とも元気よく応えた。


天神の街をいつもとは逆方向に歩き、階段を2階に上がったところにある、最近見つけたという和風居酒屋「自然屋」に入った。

近頃ベジタリアンになったらしい。まったくこの体育会系の体でなにがベジタリアンなんだろう。

目の前のいかつい風貌とベジタリアンという似つかわしくない言葉との関連付けに困っていたが、いずれにしてもこの少し暴力的な先輩は、野菜中心のメニューがおいしいこの店を気に入っているそうだ。

「生野さん、いらっしゃい！」

物腰の柔らかい大将が、満面の笑顔で迎えてくれた。いい人だというのが全身ににじみ出ている。

「やあ大将、お世話になります」

「ゆっくりしていってくださいよ」

アットホームな雰囲気の店内は本当に落ち着けた。

テーブル席につくと、すぐに生ビールが出てきた。

すごく手際がいい。

「この店にはよく来るんですか？」

「あぁ、最近は毎月一度は来てるな」

生ビールで乾杯した後は、おからコロッケや揚げ出し豆腐などのメニューを注文した。

普通の居酒屋とはちょっと違った感じだ。なにより雰囲気が心地いいし、堅苦しくもない。

「お前ら、最後は本当良かったな」

早々と1杯目のビールを空けて言った。ほとんど一気に近かった。

「えぇ、たまたま運が良かっただけでしょうけど」

「本当に浦田さんのおかげですよ」

ビールを必死に半分ほど空けた。

「いやぁ、たまたまでもなんでもいいんだよ。ずっと売れなかったらやっぱりしんどいからな。まぐれでも売れるに越したことはない。

でも、それで舞い上がったらダメだぞ。売れない時が本当に大事なんだからな」

「えっ、売れない時が大事？」

どういうことだ？　互いに顔を見合わせた後、キョトンとした顔で視線を戻した。

「そうだ、誰でもうまくいかない時はあるんだ。花が咲かないというかな」

今がまさにそうだ。

「でもな、花が咲かない時というのは、根を深くはる時なんだ。深く深くな」

「根ですか？」

「根がしっかりとはってない花が大きくなったらどうなる？」

少し考えた。

「ちょっと風が吹いたら倒れるんじゃないでしょうか」

「そうなんだ、深く根がはれてないと、すぐに倒れてしまう花になってしまうんだ。

花が咲かない時もある。

それは、深く深く根をはる時なんだよ。

その時にしっかり根をはるからこそ、花が開くときが来たら大きな花を咲かせられるんだ。

良樹細根といってな、いい木ほど根を細くそして深くはり巡らせていて、それがあるからどんな嵐にもびくともせず、栄養を地面の奥深くからも取り出すことが出来、それが地面の上の幹や枝や葉や花を力強いものに変えていく。

だから成果が出ない時は、自分の力をどんどん蓄えるときなんだ。お前が以前言っていた、損の道もそうだよな。自分自身の人としての力を蓄える時なんだよ。

俺だって売れなくて苦しかった時期がある。でもその時のおかげで今があると信じているよ。

そしてそれを教えてくれたのが宮下部長だ。あの人のおかげで今の俺があるし、すべてのことに意味があると教えてくれたのもあの人だ。正直、あの苦しい時期があったからこそ、今頑張れているんだと思うよ」

そう言ってまたビールをあおった。

生野先輩でも売れなかった時があったのか。今を知っているとまったく信じられなかったが、そんな話をしてくれたことが嬉しかった。

しばらくその言葉を噛み締めていた。

今の状態にも意味がある、そう教えられていた。根を深くはる、そういう時期なんだ。

大きく息を吐いた。分からないように、ゆっくり息を吐きながら、教えていただいたことを浸透させようとした。

智博はメモを取っていた。相変わらず真面目な奴だ。

メモを取り終えるのを待って、続けた。

「お前ら西郷隆盛を知っているだろう。西郷さんは本当に苦労の人だったんだ。何度も島送りにされ、死にかけたことだってある」

「えぇ、そうなんですか」

「そう、苦労に苦労を重ねた。そしてその苦労の中から、誰からも愛される人としての徳を身に付けていったんだ」

「そうなんですね」

「西郷さんはこんな言葉を残してるんだ。

雪に耐えて梅花麗し
霜を経て楓葉丹し

つまり、つらいことがあってそれを乗り越えるから、本当の味わいの深いものになるということだな。つらいことそのものに、実は大きな意味が隠されているんだ」

「まさにピッタリですね」

智博が少し嬉しそうに顔を向けた。

「まぁな」とちょっと冷たくあしらった。

「だから今苦労していても、それに負けるな。苦労している今があるから未来が輝くんだ。それを忘れるなよ」

力強い言葉に、勇気をもらった。智博もそうだろう。

あの西郷さんでも苦労したんだ。

島送りにもなって、そして死にかけて……。

それでも鹿児島で、いやもしかしたら日本で一番愛され、尊敬されるような人物になった。

今の苦労なんて苦労じゃない。このくらいでへこたれてはいけない。そう思えた。

野菜の揚げ出しを口に入れた。里芋の甘さが口いっぱいに広がった。

「いつも思いますけど、本当にいろんなことご存知ですよね」

「ん？」

「なんでそんなにいろいろと知ってるんですか？」

またビールを煽りながら答えた。

「そりゃあ、本を読むからだろう」

「本ですか？」

「お前ら本読んだりしてるか？」

顔を見合わせて、二人とも軽く首を横に振った。なにか恥ずかしいという感情が襲ったあと、とっさに口から出た。

「なかなかそんな時間がなくて」

「ははっ、それは言い訳だよ。時間を作ろうとしてないだけだよ。時間はな、空くのを待つもんじゃなくて作るもんだ。その気になれば、本もいつでも読めるさ」

時間を作る。確かに売れて忙しい先輩でも本を読んだりしているんだ。やっぱり恥ずかしいという感情が込み上げてきた。考えてみても、ほとんど本なんか読んでいない。読むのは雑誌くらいだろうか。

そんな間に、生野先輩はもう3杯目のビールを注文していた。

この人のペースは本当に早い。胃袋に穴でも開いているんじゃないか。じゃなきゃお腹に異次元ポケットでも入っているんだろう。

「賢二、ちょっと遅いから、ビール貰ってきてくれ」

そう言ってあごをしゃくった。

まったく。さっきまでいいこと言ってて尊敬していたのに……。人使いの荒い先輩だ。

「はい、いってきまぁす」

右手で軽く髪をかきあげ、奥の厨房の方に向かった。あの人のいい店長に催促する身にもなってほしい。

気も進まず、奥に向かって歩いている途中、ふと右の壁に飾ってある額に目が止まった。

大きな壁に似つかわしくない小さめの額に飾られた色紙。

色紙に書かれたその文字に一瞬でひきつけられた。


踏み外したっていい。踏み外したそこにもまた道はある

永業塾塾長

永業塾塾長……。なんで？

ビールをお願いしにいっているのを忘れて、ただ立ち尽くしていた。

あの人の筆文字がこんなところにもあった。

しばらく現実を理解できず目を見開いていたが、ふと我にかえり、慌てて智博を呼びにいった。

「おい賢二、ビールはどうした？」

少し目が座った先輩が威圧的に聞いてくる。

「あっいや、筆文字が。あの、色紙で……」

「お前なに言ってんだ？」

「いや、すみません。ちょっと……」

生野先輩を振り切って引っ張り出し、またその色紙が飾ってある壁の前に来た。

「浦田さん、これって？」

「なっ、永業塾塾長だよ。また違う言葉だ」

「なんで？」

しばらくそこで何も言えずに佇んだ。

その筆文字の迫力に圧倒されていた。

踏み外したっていい。

何度も踏み外しては挫折感でつらい思いをしていた僕に、勇気をくれる言葉だった。

またそこに道がある。

いつも道は一つだけだと思っていた。

でもそうじゃない。それをこの言葉は教えてくれていた。

やっと落ち着いて、その言葉をメモして席に戻った。

席では待ちくたびれたように3杯目のジョッキが空になっていた。

この人はいったい何杯飲むんだろう?

「どうしたんだ突然」

「いや、実はあの永業塾塾長の色紙があったんですよ」

「えっ? この前のあの人か?」

「はい、それでビックリしちゃって」

「で、なんて書いてあったんだ?」

「『踏み外したっていい。踏み外したそこにもまた道はある』って書いてありました」

「へぇ、なんか希望が持てる言葉だな。今のお前らにピッタリなんじゃないか」

「はい、そうですよね」

それにしてもなんでここにあの人の色紙が? 我慢出来ずに大将にその色紙の事を聞きにいった。

「大将、あそこに掛けてある色紙の永業塾塾長って?」

「あぁ、塾長ね。たしか札幌の先生でしたよね」

「その塾長ってどんな方なんですか？」

「どんな方？　そうですね。前向きで熱い人でしたよ。笑顔に引き込まれそうになるような人で。

３ヶ月くらい前に講演会かなんかの懇親会で来られたんですよ」

「その講演会ってどこでやっているんですか？」

「いや、そこまでは分からないですね、ごめんなさいね」

「そうですか、ありがとうございます」

ここに来たことがある。

福岡で講演会があった。

たいした情報は得られなかったが、また永業塾塾長に近づいた気がした。

席に戻って、色紙の言葉のことを話した。

「踏み外したっていいって、なんか勇気が沸きますね」

「うん、とにかく前に前に進むってことだな」

「そうですね、失敗を怖れずに、やってみるってことですね」

「あぁ、いつも臆病だったのかもしれないね。失敗を怖れて、道を踏み外すのを怖れていた……。でも苦労したっていい、失敗したっていいから、とにかく前に進むことなんだよな」

「はい、やるっきゃないですね」

「あぁ、そうだな」

妙にやる気になって、二人で営業の話で盛り上がった。こんなに仕事の話で前向きに語り合うのなんていつ以来だろう。これもあの言葉に出会えたからだ。

いつも踏み外してばかりだ。でもそこにも必ず道がある。ただただ歩み続けるだけなんだ。

今歩んでいる道が正しいのか、正しくないのか、それすらも分からない。

でも歩き続けるしかない。

目の前に広がる一本の道を。

ただひたすら歩み続けるだけなんだ。

踏み外したって、またそこに道はあるんだから。

生野先輩はもうすでに6杯のビールを空けて、すっかり上機嫌で目を細めながら聞いていた。

第六章　「年末」

今年もいよいよあと3日で終わりだ。クリスマスも終わり、正月の準備で町中がいそいそとしていた。

フードのついたふかふかのジャンバーを着て、天神に出かけていっていた。

少し緊張している。歩く速度が少し速かった。

5年ぶりに高校の同窓会が天神である。

その会場になっているホテルに向かっていた。

久しぶりにみんなに会える。大学卒業以来の同窓会だ。みんなどんな風に変わっているんだろう。ワクワクしていた。それと同時に、自分がどれだけ変わっていると言ってもらえるか？　そのことにもワクワクしていた。

会場に着く。2階だった。

入り口でコートを預けて中に入ると、もうすでに50人ほどの同級生が集まっていた。

「賢二ぃ、久しぶり！」

会場に入るなり声をかけてきたのは、真由子だった。

「あっ、久しぶり……」

「あら、なんなの？　久しぶりに会ったっていうのに、ちっとも嬉しそうじゃないじゃない？」

顔が少し引きつっているのを感づかれたらしい。相変わらず目ざとい奴だ。強めに背中を叩かれた。こいつも生野先輩と同じクチか。

真由子には高校時代によくいじられていた。気が強い彼女にとって、お人好しの僕は格好の標的だったようだ。

3年間同じクラスだったが、いじめられた記憶しかない。正直この場から一刻も早く立ち去りたかった。

ふと気づいたら、照れるくらいの距離で顔をじっと見上げていた。

「賢二、あなた少し変わったんじゃないの？　表情が明るくなったわね」

「えっ、ん？　そうかな？」

予想もしていない言葉に思わずたじろいだ。

「今なんの仕事してるの？」

「仕事？　リフォーム会社の営業だよ。ほら」

そういって、名刺を渡した。その名刺を見て、また斜め下から覗き込んだ。

「賢二が営業？　なんか似合わないわね」

「そんなことないよ、これでも一生懸命やってるんだよ。

ところで真由子は何やってるの？」

「私も営業よ」

自信たっぷりにそう言った。自信がその笑顔から溢れ出てているようだった。

「なんの営業？」

「保険の営業をやっているのよ。朝倉生命って知ってるでしょ。その東京本社で働いているの」

高校の時と同じように、いやそれ以上に自信満々に見える。本当に営業という仕事が好きなんだろう。目の前の笑顔を見ながらそう思った。

「どう賢二、売れてるの？」

「うん、まあね……」

「そう、それにしても賢二がねぇ」

不思議そうに見あげながらクスッと少し笑っていた。

「真由子は営業が合ってるよね」

素直な感想だった。

「合っているかどうかは分からないけど。でも私は営業の仕事が大好きよ。いつもワクワクしているの。

明日はどんないいご縁が待っているんだろうって考えると、夜寝れなくなっちゃうこともあるくらいよ」

そう言った笑顔が輝いて見えた。その笑顔に何かうらやましさを感じる。右手で髪をかきあげた。

「へぇ、それはすごいね。まだそんな気持ちになったことはないな。ずっとそうなの？」

「いやぁ、私も最初はそんなんじゃなかったわ。きついときもあったし……。でも今はとてもワクワクしているの。これもある本との出会いがきっかけなんだけどね」

「本？」

本ってなんだろう。その本のことを聞こうと思ったときには、もう女友達に囲まれて、向こうの方に消えた。聞きそびれてしまった。

本との出会い。

活き活きと輝いて見える彼女が眩しく思えた。

大晦日は実家でゆっくりしていた。

部屋にいるとポカポカ感じるくらいのいい天気だった。

正月はなにかと忙しいが、大晦日だけはすべてを忘れてゆっくり出来る。大掃除もお母さんが昨日までに終わらせていた。今はおせち料理をせっせと作っている。

部屋で本を読んでいた。最近いろいろと触発されて、昨日買った本だ。

生野先輩からは、「小説や雑誌もいいけど、ハードカバーの本なんかも読めよ。少し高くても自分への投資なんだからな」といわれていたので、初めて1000円を超えるハードカバーの本を買った。

もともと文系ではあったが、本を読むのがあまり好きではなく、就職してからも本を読んではいない。基本的に活字が苦手だった。

買った本も少し読んでは吐き気に襲われ、少し読んでは睡魔に襲われた。

しばらく読まないと、こんなにつらいものなのか。それでも、と奮起し読んではみるものの、なかなか頭に入らない。そんな悪戦苦闘を繰り返していた。「ふぅ」と息を吐き、ベッドに飛び乗って天井を仰ぐ。寝転がって本を読み出すと、すぐに本を読んでいる意識が遠く離れていった。


一人で実家の近くの公園にいた。枝を揺らす木々を夕暮れが寂しく照らしている。どうやら小学生のようだ。半ズボンにハイソックス。ブランコの横に佇んでいた。ベンチの方には赤ちゃんを散歩させるお母さんたちがいる。

向こうから4つ年上の剛君がとぼとぼと歩いてきた。少しニコっとして手を振った。近所に住む幼馴染で、小学生になった今もよく遊んでいる。あまり多くの友達とワイワイと騒ぐのが苦手な僕にとって、二人の時間は心地良かった。

こっちにやってきても、なぜかしばらくうつむいたまま黙って立っていた。

「どうしたの？」

どこか寂しそうなその視線に違和感を感じていた。

しばらく黙った後、思いが決まったかのように口を開いた。

「賢ちゃん、あのね、遠くに引っ越すことになったんだ……」

「え？」

「お父さんの転勤で、関東の方にいっちゃうんだ……」

関東と言われてもピンとはこなかった。ただとても遠い、そのことだけは分かった。

ポカンと開いた口から言葉は出てこなかった。そして何が起こっているのかさえ理解することが出来なかった。

夕日が公園に立つもののすべてを数倍にして地面に映す。何分くらいだろう、黙って佇んでいた。時間が進むことを拒んでいるかのようだった。

しばらくして5時を知らせるメロディが公民館から悲しげに聞こえてきた。

それでも二人の間の時間は止まっているようだった。

「さよなら」

不意にそういって剛君は歩いていった。

その背中に何度も声を掛けようとした。追っていこうとした。でも体が動かず、声も出なかった。行かないでとも有難うとも言えず、ただただ歩いていくその背中を口惜しく見ているだけだった。

「賢二、年越しソバ食べるわよぉ」

母の声で目が覚めた。どうやら夢を見ていたようだ。少し涙が出ていた。悲しい夢だった。小さい時に経験したつらい思い出だった。大切な人との別れはやっぱりつらい。出来るならばあまり経験したくはないものだ。

窓の外に目をやった。窓から見える景色はもうすっかり夜のものになっていて、街が今年最後の闇に包まれていた。

「今行くよ」

そう応えると、枕元にあった本を机の上に置き、リビングに下りていった。

リビングでは父がコタツに入り、義務だとでもいうように、知らないアイドル達の歌を聴いていた。知らないはずなのに、なぜか時折鼻歌でメロディを奏でている。

久しぶりの家族での食事。うちのソバは蕎麦粉だけで作る。小麦粉が入っていないからブチブチ切れる。その辺にある普通のソバとは違って麺という感じがしないが、それでも小さな頃からなじんだそのソバが僕は好きだった。

「こうやって切れるのが本当の年越しソバなんだぞ」

相変わらず鼻歌でメロディを奏でているのを急に止めて言った。なんでも、今年の嫌なことを断ち切って正月を迎えるために、昔から日本では大晦日にこういうソバを食べていたそうだ。物心ついた時から毎年のように聞かされている。本当に今年の嫌なことがすべて断ち切れると嬉しい。

「ところで賢二、仕事は順調なのか？」

日本酒を口に含み、少し心配そうに聞いてくる。これも毎年のことだ。

「あぁ、大丈夫だよ。心配しないで」

「それならいいけどな」

そう言ったっきり、会話が続かなかった。

いつもこんな感じだ。父と息子はどこでもこんな感じなのだろう。

でもこれはこれで居心地良かった。


父は地方公務員で、いつもまじめな堅物だった。

営業の仕事をすると言ったときは、最後まで反対していた。

同じ公務員になって欲しかったのだろう。

でも親不孝な僕は、公務員にならずに営業の世界に入ってしまった。親にはいつも心配かけてばかりだ。

就職の際に渡された本がある。

『武士道』

そう書かれた本は、今なお家の棚の中にもらったままの状態で鎮座している。

そんなんだから、活字を見ると未だに吐き気を催すのだろう。

「今年も終わりねぇ」

ようやく自分の分を用意した母がコタツに入りながらしみじみと言った。

「そうだね」

またいつものように年が暮れ、そして年が明ける。

毎年毎年同じように。

でも来年はなぜか違う一年になる、そんな気がしていた。

早く営業がしたい。こんな気持ちで迎える新年は初めてだった。

第七章　「人間力という道」

昨日降った雪が少しだけ残っているが、今日の天気の良さだったら、昼まで残ってはいないだろう。

正月休みも終わり、意気揚々と会社へと向かっていた。磨きたての靴と買ったばかりのシャツとネクタイを身にまとって。

毎年この日が憂鬱でしょうがなかった。

いつもは行きたくないと思う気持ちにギリギリで義務感が勝ち、なんとか会社に向かっていたような感じだった。毎年そうだった。

でも今年は違う。

あくまで予感でしかない。でもなぜかワクワクしていた。成長していく自分の姿をリアルにイメージ出来ていた。

新たな気持ちを胸に、例年よりも早く会社に向かった。

早く仕事をスタートしたい、そんな気分だった。

「おはようございます。今年も宜しくお願いします」

ひときわ大きな挨拶をしてしまい、みんなをビックリさせてしまった。一番ビックリしていたのは、奥の課長だった。キョトンとした顔で遠くから眺めていた。

「浦田、今年もよろしくな」

「浦田さん、いい休日過ごせました？」

みんな年の初めにウキウキしている感じがした。

「やぁ浦田君、今年も頑張るんだぞ」

宮下部長が声をかけてくれた。

相変わらず優しい眼差しだったが、その中にどこか心配そうな目を感じた。気のせいだろうか……。

一通り新年の挨拶をしたあと、デスクについた。年末にピカピカに拭いたデスク。誰にも聞こえないほど小さな声で語りかけた。「今年も宜しく頼んだよ」

9時のチャイムと共に号令がかかった。

「さぁ、それでは年始式をはじめます」

今年の営業がスタートを告げた。


年始式が終わり、会議の後いきなり課長に呼び止められた。

「浦田、ちょっといいか」

「はい、なんでしょう?」

「ちょっとこっちでいいか?」

そういうと、課長は奥の応接間に誘導した。

年の初めにいきなりなんだろう?

怪訝に思いながら促されるがまま、応接間に入った。

まだエアコンも入っていないようで肌寒かった。大きな窓ガラスから冷気が伝わってくる。膝の辺りを軽くさすりながら、ソファに浅く座って顔を見つめた。

少し上を見上げた後、目をじっと見つめ言った。

「お前、営業をやめる気はないか？」

「えっ？」

放たれた言葉の意味を理解するまでには数秒が必要だった。

やめる？　営業を？

「それはどういうことですか？」

訳が分からず、問い詰めるように聞いた。

眼鏡の奥の冷たい目で静かに見つめ、話し始めた。

「いやな、うちのリフォーム部門も苦しい経営が続いているのはお前も知っての通りだ。実は今、経営陣から縮小の話が持ち上がってきてるんだ。今の時代、どうしようもないことだろう。それでお前や数人に他の業務への異動が検討されているんだ」

「えぇ、そんなぁ」

「うちも慈善事業をやっているわけじゃなく、企業として利益を出していかなくてはならない。成績も考えて人員配置をする他ないんだ。お前はその点もってこいだろう。どうだ、営業を辞めて、違う部門へ転身せんか」

「でも……」言葉をすぐに返すことなんて出来なかった。頭の中がぐるぐる廻る。でもそれはなにかを考えているというよりも、今この瞬間のことを頭から消し去りたい、そういうような廻り方だった。

やっと営業が楽しいと思えるようになった。初めてやりがいを感じた。なのに営業を離れろなんて。納得出来なかった。込みあがった感情が頂点になったとき、ようやく口から言葉が飛び出してきた。

「そんなこといきなり言われても困ります。納得出来ません。営業をやりたいんです。あと少し。あと少しでいいんです。チャンスを頂けませんか？　お願いです」

通らない願いだということは分かっていた。それでも必死でお願いした。

やっと営業をすることの意味が分かりだしたというのに、やっと成長を感じられるようになってきたのに、こんなところで終わってはたまらない。

必死だった。

あまりの必死さに、課長が少しビックリしていた。

「浦田、お前本当に営業がしたいのか？」

「はい、やっと営業の楽しさを知ったんです。やっと成長の喜びを知ったんです。まだ営業を離れるわけにはいきません。

営業をさせてください！」

そう言って、目をまっすぐに見つめた。いや、睨んでいたといっていい。

しばらく口をつぐんだ後、深い呼吸をして、ゆっくりと口を開いた。

「お前がそこまで営業をしたいと言うとは思わなかった。正直すぐに移りたいと言うと思っていた。しかしそこまで言うのなら、あと3ヶ月頑張ってみろ。ただし3ヶ月だ。

3ヶ月後は会社全体の人事も変わってくるし、大きなテコ入れがあるだろう。俺にはそこまでの影響力はない、わかるな。

3ヵ月後、ここはどうも出来ないぞ。それでもいいか？」

「はい、もちろんです」そう答えると、一礼をして部屋を出た。

とりあえずのところは時間をもらえた。しかしもらえたのはたったの3ヶ月……。気休めくらいでしかないのだろうか。不安と怖れと。いくつもの感情が次々と取り巻き、目の前の視界を奪っていった。

自分のデスクに戻った僕の顔は、きっと引きつっていたはずだ。

頭に血がのぼり、目の前がはっきり見えなかった。

「あと3ヶ月……」

その期限が重く肩にのしかかった。

年明けに呼び出されて以来、とにかく新規受注だけに走った。

一刻も早く成果をあげなくては。

数字が欲しかった。注文が欲しかった。なんとしても。

必死だった。

3ヶ月という期限が迫り来る中で、恐怖と戦いながら営業を続けた。

でも、続ければ続けるほど空回りする。アポすら取れなくなってくる。

なんでなんだ。

焦りはどんどん増殖した。

そして焦る気持ちを見透かされているように、お客様の反応は悪くなる一方だった。

焦ってはいけない。それは分かっている。それが分かってはいても、一旦お客様の前に出ると、途端に焦りが顔を出す。早く契約を出さなくては営業をやめさせられてしまう。

いったいどうなるんだ。いったいどうすればいいんだ。

黒い影のような思いが、胸の中でいくつもいくつも交錯してしまう。

それでも時間がない。

あと3ヶ月しかないんだ。

しかし、無常にもなんの成果も出ないまま、時間だけが過ぎていった。

時間と共に顔から笑みが消え、覇気が無くなってくる。

笑うことすら、次第に出来なくなっていく。

それと同時にクレームも増えだした。またか。やるせない気持ちの中、日々悶々と過ごしていた。

クレームが起こるたびにみんなから邪魔者扱いされ、そして自己嫌悪に陥った。

何度か生野先輩にも声を掛けていただいたが、何を言っていただいたか、まるで覚えていない……。

営業に行って成果を上げなければならない。その義務感とプレッシャーと自己嫌悪とが交錯し、ついに勇気を失い、まったく営業に行かずに、半日ほど川辺でじっと川の流れを見ている日もあった。川の流れを見ながら、すべてを捨ててしまいたくなる。

時間がない。それは分かっている。それは分かっていても……。頭では分かっていても、体が進んでくれなかった。いつしか心は折れようとしていた。


一月も終わろうとしていた。まだ注文をもらってない。目途すらない。はっきりいって、すでにかなり出遅れていた。しかし3ヶ月しかない期限の中で、今を守る為どうにかしないといけない。そのプレッシャーの中でついには風邪までひいてしまい、高熱が出てしまったために会社を休んだ。インフルエンザの可能性があった。

「こんな時になんでなんだ。体すら裏切るのか？」

自分の体の弱さを呪った。時間がないというのに。いよいよ覚悟を決めないといけないのか？　頭の奥から弱気な悪魔がついていない理由を語りだす。

もし一年前に今の自分の状態がわかっていたら。もし就職するときに今の状況が予測できていたら。もっと違った自分があったかも知れないのに……。

後悔しても後悔しても止めどなく後悔の念が沸いてくる。

「なんで僕ばかりがこんな目にあうんだ……」

なんだか泣けてきた。

どうしようもない挫折感の中で、ただ悔しかった。ただ情けなかった。

やるせない気持ちをぶつける術もなく悶々としている時、突然玄関のチャイムが鳴った。

いったい誰だ？居留守を使うことも出来たが、なぜか迷わずベッドから出ていた。

涙を拭きながら玄関まで行き、「どちら様ですか」と聞いた。

すると、信じられない答えが返ってきた。

「やぁ、宮下です」

えっ？　どうして……。軽いパニックに陥りながら、ドアを開けた。

眩い光が差し込む。見慣れた影の周りを光が覆った。

そこにはいつもの優しい笑顔で佇む姿が本当にあった。

「浦田君、熱を出したと聞いていたが大丈夫か？」

そう言うなり、僕をベッドに促しながら上がってこられた。

「まあ、寝ていなさい」

その声が温かく感じた。ベッドに腰掛ける。宮下部長は机の向こう側にいた。

「すみません、こんな格好で」

「いやぁこちらこそ突然すまない。ただの風邪だと聞いてはいたが。気になってついつい来てしまったよ。まぁ大丈夫そうだな」

「はい、しばらく寝てればすぐに復帰出来ます」

出来る限りの元気を振り絞った。

「まぁ無理するな。しっかり養生なさい。こじらせると後が余計大変になるぞ」

そういうと、ベッドの横に座り、少し悲しそうにおっしゃった。

「無理してるんだろう。いつもご苦労だな。

僕が始めたリフォーム部門でいつも頑張ってくれていてありがとう。特に君には苦労をかけてしまっているね」

「いえ……」

「いやぁね、今年に入ってみるみる表情が強張ってきたのを気にしていたんだよ。前も言ったとおり、最初に採用した営業だからどうしても気になるんだよ。君にはある意味迷惑かもしれないがね。それで何かあったのか?」

何かあったもなにも、宮下部長なら、3月までで営業を辞めさせられそうになっていることくらい知っているだろう。

「何かって、ご存知ないんですか?」

「ん?」

「いや、その。営業を辞めないかと言われている……」

その後の言葉を続けることが出来なかった。

「なんだ、そんなことか？」

「えっ、そんなことって」

「まだ何も決まっていない憶測の話だろう。そんなことに気を病んでいるのか？」

「憶測といっても、課長からも言われていますし……」

「でもまだ何も決定していないんだろう？」

「確かにそうですけど……」

「だったら、今に集中するしかないだろう」

「集中なんて出来ないです」

「確かに気にするなというのは無理かも知れない。でも、今に集中出来ない奴が、未来を変えることなんて出来ないんだぞ」

「でも……」

「それに仮に挫折したとしても、それがどうした？　大切なのはその意味なのではないか？」

「意味？」

「そうだ、この世のすべてのことに意味がある。一度や二度の挫折が人生を決定付けるような大きな負の要素に働くことなんてない。心配する必要や、ましてや心を病ませる必要なんてないんだ」

「でも……。

ようやく楽しいと思えるようになった営業を、今のままではあと2ヶ月で辞めさせられるんです。なんとか成果を上げたいんです。だけど、まるでうまくいかなくて。本当に駄目なんです……」

言いながらまた悔しさが込み上げてきた。

本当に情けなくて悔しくて、涙が溢れてきた。

励まそうとしてくれているのは分かっている。でも感情がそれを素直に受け入れることを拒否していた。涙だけが溢れていた。

泣いている横で、ただ黙って座っていた。

「申し訳ないなぁ」

長い沈黙の後、宮下部長がぼそっと言った。

「つらい思いをさせてしまったなぁ」

その言葉にまた涙が溢れてきた。

会社の上司で僕にそんな言葉をかけてくれて人なんて一人もいなかった。いつも怒られてばかりだったから。

そんな僕に、

「すまないなぁ」とまたぼそっと言った。

信頼している人に弱い部分を見られ、慰められて、しかも謝られてしまい、なんとか保っていた心のたがが外れて、もう後から後から溢れ出る涙を止めることは出来なくなってしまった。

つらかった。その想いを分かってくれる人なんていないと思っていた。一人ぼっちで闘っていた。一人だと思っていた。でも違った。尊敬する人に慰められて、思いっきり泣いた。

「つらかったんだな」

しばらく落ち着くのを待ってから、おっしゃった。

「君だけが悪いわけじゃない。今の君の仕事を事業として選んだ僕にも、苦しめている原因があるんだ」

「いえそんな……」

ティッシュで鼻をかんだ。

「いや、いいんだ。でもな浦田君、挫折を怖がる必要なんてないんだ。君には明日があるじゃないか」

「明日？」

「どんなにうまくいかなくたって、明日があるんだよ。明日という希望が」

優しい微笑を浮かべながら、語りかけてくれた。

「一つ話をしよう。エイブラハム・リンカーンという男がいる。第16代アメリカ合衆国大統領で、最も愛された大統領の一人といわれている。知っているかな?」

「リンカーン大統領は知っています」

「そうか。アメリカ合衆国の大統領になったほどの男だ。さぞかし成功続きだと思うだろう?」

「ええ」

「でも彼は若い頃、ビジネスのトラブルで無職になっているのは知っているか?」

「無職ですか?」

「そしてその後、最愛の恋人と死別している」

「えっ、死別?」最愛の人を失くす。もし自分が同じ境遇だったら?　その心境を想像していた。

「なんとか立ち直った彼は州議会議員に立候補するんだが、その時を含めて彼は8回も落選を経験している」

「8回？　そんなにですか」

大統領でかつ立派な志を持っていたリンカーンが8回も落選？　信じられなかった。

「結婚してからは4人の男の子に恵まれるんだ。かなりの子供好きだったらしいんだ。しかしその子供達は、成人つまり20歳まで生きたのが長男のみで、3人の息子は成人することなく死んでしまった。その悲しみといったらどうだろう？」

えっ？　3人もの最愛の息子を？　その悲しみがどんなに大きかったのか、ちょっと想像すら出来なかった。とても計り知れないほどの悲しみだ。

「その後奥さんも、そしてまたリンカーン自身も精神を病んでしまい、過度なストレスに襲われることになるんだ」

言葉がなかった。あのリンカーン大統領がそんな苦難を経験していたなんて。果たしてそんな苦難に耐えられるだろうか。いや、正直まったく自信がない。それほどの悲惨な境遇だった。

「後にね、彼はこんな言葉を残している。

転んでしまったことなどは気にする必要はない
そこからどうやって立ち上がるかが大事なんだってね

まだ明日があるんだ。明日という希望が。

訪れてもいない明日を怖れるのはやめるんだ。

希望という明日が待っていることを知るんだ」

しばらくリンカーン大統領の境遇と自分が置かれた状況とを照らし合わせながら、考え込んでいた。

自分だけがこんな不幸を背負い込んでいるくらいに思っていた。こんな絶望感の中にいると思い込んでいた。

でも本当にそこまでのことだったのだろうか？

人生の終わりだくらいに落ち込んでしまうことだったのか……。

ひたすら自問自答を繰り返していた。宮下部長はただ黙っている。時計の針の音だけがこじんまりした部屋に響いていた。


しばらくして顔を上げた僕に、ニコッとしながら聞いてきた。

「浦田君、目的は明確に見えているか？」

「目的？」

「働く目的、生きる目的、君がやっていることの目的だよ」

目的？　首をかしげる。すぐには答えられなかった。

「見えていないです」

「ははっ、正直な奴だ。今はそれでいいのかも知れない。でもこの目的、つまり『なんの為に』というのは自分自身の芯になるものだ。これがないと必ず軸がブレてくるんだ。

目的と目標、そして手段は違う。

目的を遂行するために必要なのが手段、そしてその通過点が目標だ。

勉強が一つ分かりやすいだろう。

君は学生が勉強する目的ってなんだと思う?」

「それは、希望する学校に合格するためではないでしょうか?」

「なるほど、それが目的だとしたら、手段としてはその希望する学校への合格率の高い塾などに行くのがいいということになるのだろうか」

「確かにそうですね」

「しかし、本当にそれが目的なんだろうか?　その先がないんだろうか?」

「えっ、その先ですか?」

中学高校と、親から「いい学校に入るために頑張って勉強しなさい」と言われてきた。だけどその先って?

「いい会社に就職するためでしょうか?」

「なるほど、いい会社に就職するという目的のために勉強するのか。そうすると仮にその会社でうまく行かなくて辞めたとするとどうなるだろう?」

少し考えた。

「勉強した意味がなくなってしまう……」

「そうだな。だがそれらは勉強するということの本当の目的ではないんだ。だから少しズレただけで、その意味すら失ってしまうんだ。

今君が言った、希望する学校に合格するとかいい会社に就職するとかいうのは、目標であってただの通過点だ。目的ではない。

仮にどうだろう?　いい学校やいい会社という指標は個人個人で違うだろうが、もしそんな価値観を持ち合わせていない人がいたとしたら、そういう人は勉強する必要がないんだろうか?」

「いや、そんなはずはないです。やっぱりどんな人でも勉強は必要なんだと思います」

「そうだろう、だから勉強の目的ってのはもっと別のところにある。

それなのにさっき君が言ったように、いい学校に入ることが目的になってしまうから、入れたら入れたでバーンアウトしてそれからの学ぶ意思を失ってしまったり、その学校に入れないと自己嫌悪に陥り、引きこもりになってしまう学生だっている。

勉強する目的とは、より人間的に成長するため、出来るだけ社会の役に立つため、周りの人の力になるため、そういう大きな意味をもっているはずだ。そしてその通過点として学校があったり会社があったりするはずなんだ。違うか？」

確かにそうだ。目的というものをちゃんと分かっていなかったようだ。

「この目的がしっかり持てているのと持てていないのとでは、逆境が来たとき大きな違いが出てくるんだよ。

人は目的を見失った瞬間に、とてつもない恐怖に襲われるものなんだ。でも恐怖なんてものは、そこに実際にあるものではなく、心が作り出した虚像に過ぎない。実はすべて自分の心が作り出しているに過ぎないんだ。

しかし、目的が明確に出来ていれば、いつも勇気が沸いてくる。希望が芽生えてくるんだよ」

なにかとてつもなく意味のあることのように思えた。目的と恐怖。今まで、そして今も、目的を見失いながら恐怖を自分勝手に作り出し、そして自分自身を見失っていた。

「おっしゃられるように、目的が明確に出来ていなかったようです。いつも目標が目的になってしまっていたんだと思います」

「そうかもしれないな。目的をしっかり考えてみるといい。働く目的、仕事の目的、営業の目的、そして生きる目的。それをいつも問いかけてごらん」

「はい」

泣いていた僕がもう過去の他人になっていた。

またも自分を勝手に追い込んでしまっていた。

時間がないというプレッシャーに負け、もともと明確でなかった目的が簡単にブレ、恐怖のどん底でもがき苦しんでいた。

それをわざわざ教えに来てくださった宮下部長。

本当に嬉しかった。


「でも、宮下部長」

「なんだい？」

「その目的って、どうやって見つければいいんでしょうか？」

ニコッと笑いながら言った。

「それは自分自身で見つけるもんなんだよ。人から教えられるものではないんだ」

一蹴されてしまった。

「そうですか……」

少し困惑している僕を見つめ優しく言った。

「そんな顔をするな。よし、一つヒントになるかもしれない言葉を教えてあげよう」

そういうと、手帳から葉書を一枚大事そうに取り出した。古い葉書だった。端が擦り切れている。

「これはね、知り合いからもらった葉書なんだよ」

人間力を高めなければ、
いつも足元しか見れないちっぽけな視野で終わってしまう
永業塾塾長

え？

その葉書の言葉よりも、その左下の署名に目が釘付けになった。

「また永業塾塾長だ……」

なんなんだ、この縁は？　永業塾塾長との度重なる縁にビックリしていた。

宮下部長にも関係が？　期待のこもった目で顔を覗いた。

「何だ、浦田君は彼を知っているのか？」

「いいえ、直接知っているということではないんですが……。実は最近よくこの方の言葉と出会っていまして。いつも考えさせられているんです。

それはそうと、この永業塾塾長って方をご存知なんですか？」

「あぁ、よく知っているよ。彼とは古くからの友人だ」

はっきりと言い放った。

「えっ、そうなんですか？」

初めて永業塾塾長を詳しく知っている人に出会った。しかもかなり身近にそれはいた。

「彼には本当に助けられたんだよ」

そういうと少し遠くを見るような目をした。その目は少し潤んでいるように見えた。

「永業塾塾長のこと、是非教えてください」

しばらく間をおいた後、はやる気持ちをなんとか抑えつつ聞いた。

静かに口を開き、懐かしそうに語ってくれた。

「僕はね……。若い頃、東京で営業の仕事をしていたんだよ。かなり厳しい会社でね。売り上げがすべて。誰も仲間なんていなかったんだ。自分の身は自分で守るしかない。そんな環境の中で日々営業をしていた。

来る日も来る日も売り上げ売り上げ、競争競争、数字がすべて。それが当たり前の毎日だった。

自分のことしか見えなかったんだ。自分の利益のことしか考えていなかった。

来月の給料もあるかどうか分からない、そんな不安の中でいつも一人ぼっちだった。

入社したときは希望に満ち溢れていたんだよ。夢も持っていた。欲望と言い換えてもいいのだろうがね。そしてそこそこの成績を上げ、収入を得た。様々なものが手に入った。

でもそれは長くは続かなかった。

傲慢になっていたんだろうね。いきなり売り上げが落ちた。なにが起きたのかわからなかったよ。

次第に精神的に追い込まれて、希望すら持てずに、毎日毎日朝が来るのが怖くなっていった。本当につらくてつらくて。いつまでこんなことが続くんだろうって、そんなことばかり考えていた。

でもそれは、いつも自分のことしか考えてなくて、自分の利益のことしか考えていなかったからなんだけどね。その頃はそんなことまったく分からなかった。


そんな時なんだ、彼と会ったのは。

彼は二つ下の後輩として入社してきた。

そしてあっという間に僕を抜き去ってマネージャーになった。

正直妬んでいた。あいつばかりってね。

でも彼はいつも声を掛けてくれたんだ。

彼がくれた言葉はいつも勇気を与えてくれた。

いつも未来を示してくれたんだ」

おっしゃられている境遇が、前半の成績は抜きにしても、僕のそれと酷似していた。宮下部長ですら、こんな苦労をしてきたのか。とても信じられなかったが、すべての言葉が染みていった。

「ある時、本気で彼から怒られたんだ。年下から怒られるなんて、人生で後にも先にもあの時だけだ。でも彼は真剣に怒ってくれたんだ……」

そういって少し上に目線を移した。

「ある飲み会の席でね、彼に絡んだんだ。僕の中に被害者意識みたいなのがあったと思うよ。

自分が得をするかどうかというのが当時の価値観だからね。年下でありながら僕よりも収入を得ている彼が憎くてしょうがなかった。

でも、話をしているうちになにが違うのかが次第に分かってきた。バックボーンがまったく違った。つまり、人間的な魅力に差があったわけなんだ。

でも後輩である彼に対して素直に認めることが出来なかった。

そして色々な策を講じてみた。僕の価値が少しでも上がるようにと。

だけど無駄だった。

小手先というものがいかに無意味なものなのか、あらためて思い知ったんだ。


そして言われた。

『本気で生きていますか』と。

意味が分からなかった。なにを生意気に言っているんだとしか思えなかった。

でも、その後彼と話しながら、あらためて省みてみたんだ」

相づちすらうまく打てずにいた。宮下部長が話す永業塾塾長との過去に、ただただ引き込まれていた。瞬きするのも、口を閉じるのすら忘れて聞き入った。

「僕は彼が言う『人間力営業』という営業がまったく理解出来なかったんだ。

利益を得て初めて収入に繋がる。そんな営業の世界にとって、人間力なんてまったく意味のないものだ。そう思っていた。

僕は彼とまったく正反対の位置に立っていた。

それでも彼は僕に諭してくれた。

『それじゃ長続きしないんです。営業という誇るべき職業を次の世代に紡いでいく為に、利益を得るだけじゃなく人間力を高めていかなくてはならないんです』

真正面から力強く言ったよ。

語りかけてくるその声は、逞しく、そして優しかった」

言葉を聞き逃すまいとしていた。じっと、ただ口元だけを見つめ、決して忘れない、そう心に誓いながら、心の黒板に太いチョークでハッキリとその言葉を書き連ねていった。

「その時に教えてくれたのが、この言葉なんだ」

そういって、もう一度あの葉書を見せてくれた。

人間力を高めなければ、
いつも足元しか見れないちっぽけな視野で終わってしまう

その葉書に微笑を落とした。

人間力。考えたこともなかった。

確かに今まさにちっぽけな視野の中に納まっている気がする……。

「何かこう、ガツンとハンマーで頭を殴られた気がしてね。そしてその時生まれ変わった。スイッチが入ったんだ。本気で変わろうと心に誓ったんだ。

人間学、そういうジャンルの本をあさるように読み、自分の心や行動を律し、少しずつ変わっていった。そして、互いに人間力を高め合った。生き様を見せ合った。それからだ。お客様の評価が変わり、成績も上がりだしたのは」

心の中に、小さな炎が灯った気がした。

僕は当時の宮下部長と同じだったんだ。それを教えて下さっているんだ。


少しの静寂があった。下を向いて考えていたが、その視線を戻すと言葉を続けた。

「彼とは、一緒に『知覧』にも行ったんだよ」

「知覧？」

「あぁ、鹿児島の南にある小さな町だ。

大東亜戦争の時に、その小さな町から若い特攻兵達が、日本を守るために飛び立ったんだ。君よりももっと若い、今でいう高校生とか大学生くらいの若者達が、親のため、兄弟のため、そして日本の未来のために自分の命を懸けて飛び立ったんだ」

特攻。歴史の時間に習ったその言葉、あまりいいイメージはなかった。

しかし、熱く語られるその言葉に、なにか知っているそれとは違うものを感じ始めていた。

「そこに行った時、あの時言われた『本気で生きていますか』という言葉の意味をはじめて理解した。その写真や遺書を見ながら、本気で生きていると胸を張っていうことが出来なかった。与えられている今に感謝もせず、ただのうのうと暮らしているだけだったと実感したよ」

「本気、ですか？」

「あぁ、君も一度機会があったら行ってみるといいよ。歴史が君に心の芯を作ってくれる」

　歴史は学生時代、好きな教科だった。でも好きというのは、戦国時代や幕末の時代のことであって、近代の歴史はあまり知らないと言った方が正しかった。歴史、しかも近代の歴史が僕に芯を作ってくれる？　すべて想像がつかなかった。

「こんなことも教えてくれた。

すべての出会いは必然

その必然を豊かなものに育てるのも貧しいものにしてしまうのも
それは自分自身の在り方にある

人との出会い、本との出会い、様々な出来事との出会い、自分に必要な出会いは、すべてベストタイミングで自分のもとに起こっている。しかしそれを良縁にするのも悪縁にするのもその時の自分の心の在り方が決めるってね。だからいつも己れを磨く必要があるんだね」

「はい」

己れを磨く。人間力を高める。抽象的な言葉ではあったが、前に進む勇気をくれているような気がしていた。

在り方。その言葉が今まで聞いたことの無いような新鮮な言葉として心の中に居場所を作っていた。

少しの沈黙の後、気になっていたことを聞いた。

「ところでその後、永業塾塾長とは？」

「3年一緒に仕事をしてお互い高め合った。3年の後、彼は事業を立ち上げ北海道に戻ってしまい、逆に僕はこの福岡に戻ってきたので、それ以来会ってはいないんだ」

「いつか会えますかね？」

「あぁ、会えるさ。君にとってのベストのタイミングでね」

話を聞いているうちに、熱を出して休んでいるということをすっかり忘れてしまっていた。なぜか今すぐにでも動き出したい気分だった。風邪はもうすでにどこかに飛んでいってしまっているようだった。

「ありがとうございます。まだ頑張れます。なんていったって、まだ明日がありますから」

「そうだな、今日はゆっくり休んで、明日からまた頼んだぞ」

「はい」

胸には力強さが戻っていた。顔もそうだろう。鏡を見なくたってそれがわかる。
すべてのことに意味がある。今の状況にもきっと意味があるんだ。
もう迷わない。そう心に誓った。
いつの間にか窓から差し込んで来ていた夕日が、部屋のずっと奥まで照らしていた。

第七章　「人間力という道」

第八章　「託されていた道」

本を読むようになっていた。

今までがまるで他人のように、なぜかとても読みたい衝動に駆られていた。

本を読んではメモを取り、良い言葉は何度も何度も口に出し、自分の中に染みませていった。

「こんなにも知らないことがあったのか?」初めて教科書を与えられた小学生のように知ることの楽しさを知り、空いた時間を見つけては読みふけった。朝少し早く起きて本を読み、夜寝る前に本を読む。

朝はギリギリまで寝て、バタバタと用意して出て行くのが去年までのいつもの生活スタイルだったが、いつの間にかこの朝起きが日課になっていた。

そういえば、昨日読んだ本にも書いてあった。

朝という字は十月十日という漢字が組み合わさっているんだと。

朝という時間に起きることの素晴らしさが書いてあった。

毎朝生まれ変わっている、そう思える朝を迎えていた。

インスタントコーヒーの匂いが漂う部屋の中。

遠く、福岡空港の奥の山から昇る朝日が綺麗だった。


もうすぐ2月に入る。

寒さが厳しくなっていったが、それでも心は熱く、いつも前向きな言葉を発するようになっていた。そしてそれと同時にお客様とのアポも増えていった。

「元気になったみたいですね。それでこそ浦田さんですよ」

営業から帰ってくると、智博が声を掛けてきた。

「もう大丈夫だよ。なんてったって人間力を高めないといけないからな」

「人間力？」

ポカンと口を開けて、首をかしげた後「大丈夫ですか？」と言われたが、ニッと笑顔を残し、日報を書くためデスクに戻った。

デスクに近づくにつれ、何か小包のようなものが置いてあることに気が付いた。

あまり経験のない状況の中少し戸惑ったが、恐る恐るその小包を手に取った。

差出を見ると、東京の真由子からだった。

なんだ？　年末に少し言葉は交わしたが、いったいなんだろう？

包みを開けると、中に手紙が入っていた。

「賢二へ

年末はあまりゆっくり話せませんでしたが、元気にやっているようでなによりです。

それにしてもまさか営業やってるとはね。

ビックリしました。

おそらく要領よくとはいってないだろうけど、頑張ってね。いらぬ世話かな？
私も営業をしていてつらいことがたくさんありました。
実は意外と弱いところもあるんです。
でも今は本当に前向きに営業しています。
営業に前向きになったのは、1冊の本との出会いがきっかけです。
それがこの本です。
良かったら読んでください。
私がプレゼントなんて、変な感じですね。笑わないでね。
それではまたどこかのステージで。

真由子」

中には1冊の本が入っていた。
取り出してその本を手に取った。

『営業という生き方』青い表紙の本にはそう題名が書いてあった。

そして左上に目をやった時、僕の両腕に鳥肌が立った。

「永業塾塾長……」

著者は、あの永業塾塾長だった。

「なんで？」

高鳴る胸を落ち着かせながら、ページをめくってみた。

そこには、永業塾塾長の言葉でエッセイがいくつも書かれていた。

力強いメッセージが。


家に帰ると、はやる気持ちを抑えきれずに食事もせずに本を読み出した。

「うーん」しばらくして唸った。

ただただ引き込まれていた。

一気に読み終わったあと、更にもう一度読んだ。気づいたら12時になっていた。

本を読んでこんなにズシンと胸に響いたのは初めてだった。

『営業パーソンの価値は、過去になにをしてきたかじゃない。今現在なにに向かって歩いているかだ』

言葉の一つ一つが心を力強く鷲づかみにする。なにに向かっているのか？　過去ではなく、現在……。

これ、と胸を張って言えるものがあるだろうか。しかし未来に価値があるのなら、まだ希望が残されているということだ。

ページをめくるごとに出会う言葉に勇気をもらい、希望を胸に抱いていった。

そして、すぐにでも動き出したい衝動に駆られた。

僕にも出来る。

僕なら出来る。

読み進めていくたびに、心が動いた。


その本には知覧のことも書かれていた。

知覧のページは、二度読んで二度とも涙が溢れてしまった。生かされている。今までそんな風に思ったことはなかった。過去には無かった価値観。しかもここに行けばその空気に触れられる。

宮下部長が永業塾塾長と一緒にいったという知覧。

胸が高鳴っていた。すべてのことに意味がある。このタイミングで本を贈ってもらったことも、知覧のことを聞いていたことも、このページとの出会いも。すべて意味があることなんだ。

少し遅いかなと思いつつ、携帯電話を取った。

「もしもし、遅くにごめん、起きてたか？」

智博に電話をかけた。

「はい浦田さん、大丈夫ですよ。こんな時間にどうしたんですか？」

遅い時間なのにも関わらず、普通に電話に出てくれた。

「今度の休み予定空いているか？」

「えっ休みですか。まぁ空いてますけど」

「よし、じゃあ一緒に知覧に行こう」

「えっ、知覧？」

なんの遠慮もなく、知覧行きを告げた。電話の向こうではなにもわかっていない様子だった。


雨がしとしと降り、寒さがこたえる日だった。

新幹線で鹿児島に行き、そこからバスで鹿児島南部の町、知覧に向かう予定だった。

「浦田さん、この本どうしたんですか?」

新幹線に乗るなり取り出した本に仰天し、永業塾塾長について聞いてきた。

高校時代の友人から送られてきたその本のことや、宮下部長が昔一緒に仕事をしていたことなどを伝えた。

「そうなんですか?　なんか奇妙に繋がっていますね」

「あぁ本当にそうだよな。この間読んだ本に『縁尋奇妙』という言葉が書いてあったけど、不思議な縁というものを感じるよね」

本当に様々なものが自分の周りで繋がっている。そういう不思議さを実感していた。

窓から外を眺めた。九州新幹線に乗るのは初めてだった。1時間と少し、あっという間に鹿児島までついてしまう。

「知覧ってこのことですか?」

横を見ると涙ぐんでいた。知覧のところを読んでいるんだろう。

「浦田さん、今からここに行くんですね」

目を真っ赤にしながら聞いてきた。

「あぁそうだよ。どんなところなんだろうな」

新幹線からバスに乗り換え、10時半に知覧特攻平和会館についた。厳かな雰囲気のその建物を前にし、思わず立ち止まって動けなかった。

「浦田さん、あれが特攻機でしょうか」

指差した方向には飛行機があった。特攻機だ。

無言で近寄っていった。

「この飛行機に乗って突っ込んでいったのか」

その特攻機を見ながら、戦争中のことを少し想像してみた。

父親でさえも経験していない遠い過去の出来事。わからない。それが正直な今の想いだ。それを知るために、そしてその意味を感じるために今ここにやってきた。

「行こうか」

そういうと真っ直ぐに平和会館の方に歩いていった。

一礼した後会館に入り、中央の広間へ入った。

凛とした空気。

壁際に１０３６もの特攻隊員の遺影が飾ってある。そのどれもが僕よりもはるかに若い、20歳前後の若者達だった。

宮川三郎軍曹を探した。

『営業という生き方』で紹介されていた青年だ。

いた。

満20歳。彼は特攻の母と言われた鳥濱トメさんに、「ホタルになって帰ってくる」と言い残し、沖縄に飛び立った。そしてその夜、本当に一匹のホタルになって帰ってきた。静かに入ってきた後、大きな梁の所に止まった。「宮川さんが帰ってきた」そう言ったトメさんに促され、特攻隊員たちは皆で涙を流しながら『同期の桜』を歌ったそうだ。

今はもうなにも語らないその顔と、心で言葉を交わした。なぜか涙をこらえ切れなかった。

特攻隊員たちが両親に書いた筆文字には、衝撃を受けた。若いこの特攻隊員たちが本当に書いたものなのか？　当時の教育レベルの高さを感じた。

どの遺書を見ても、両親への感謝がそこにあった。今まで受けた恩に対するお礼と先立つ不孝を謝罪する言葉。

そして家族のために、国を守るために、そして未来のために。自分が礎になるという強い意志。

特攻隊に対して思っていた印象は次々と打ち消されていった。

命を粗末にして。そんな思いは今はもう持てなかった。

そんな上辺で判断できるような価値観はここにはなかった。

そんな薄いものではなかった。

人の持つ、日本人の持つ崇高さや気高さがここにあった。

何よりも印象的なのが、皆で笑って写っている写真だった。死ぬことが分かっているのに、この後死ににいくというのに。なぜ彼らは笑っていられるんだろう。この笑顔はなんて尊いんだろう。つい最近まで笑顔をなくしていた自分がちっぽけに思えた。

長く過去の時間の中にいた。たった一人で。今ここには平成の世はなく、昭和の時代が３分の１終わろうとしていたあの時代の中にいた。

そんな時、背後から突然声を掛けられた。

「本物に触れるというのはいかがですか？」

聞き覚えのない声。

振り返った。男性。やっぱり。どう記憶を辿っても、知り合いではなさそうだ。

一目でなにかオーラのようなものを感じてしまうその男性。ジャケットを着込んだその立ち姿は、凛としていた。もしかして営業をされている方なんじゃないだろうか。

「あっ、失礼しました」

その男性は、少し照れくさそうな顔をした後、笑顔で詫びた。訝しげな表情をしていたのだろうが、そんな表情を変えてくれるような、一瞬で引き込まれそうな笑顔だった。

「一緒に来ている仲間と間違えてしまって。とんだ失礼をいたしました」

「いえ、大丈夫ですよ」

ニッしながら、更に話し掛けてきた。

「紙谷といいます。どちらからいらっしゃったんですか？」

「福岡から来ました。浦田といいます。紙谷さんはどちらから？」

「私は北海道からです。今日は全国にいる仲間達とやってきました。浦田さんは知覧にはよくいらっしゃるんですか？」

「恥ずかしながら初めてです。よくいらっしゃるんですか？」

「ええ、1年に1度はここを訪れるようにしています。ここには本物があります。この本物に触れることで、自分自身が本気で生きているのか、それを自分自身にいつも問いかけるんです」

「そうですか」

「ええ、今いる道が、託されているものだということを、ここに来るたびに知らされる想いがしています」

そういうその紙谷という男性の目には、優しさの中に悲しさや逞しさといったいくつもの表情があるようだった。それらが幾重にもなって力強さを感じさせてくれる。

「ここの近くに富屋旅館という所があります。特攻隊員たちが親しんだ場所です。そこにも行って、彼らと同じ時間と場所を共有するようにしています。富屋旅館には行かれたことがありますか？」

「いえ、まだないです」

「そうですか、そこにも機会があれば是非行ってみてください。感じるものが必ずありますよ。私達は『今』を託されている、そう感じることが出来るはずです」

紙谷さんは鳥濱トメさんのことも教えてくれた。その富屋旅館には、今でも語りべとして当時のことを伝えてくれるお孫さんがいらっしゃることも。


懐かしさ。なぜだろう、なぜだか分からないが、この紙谷という男性から、懐かしさを感じていた。恐らく会ったことはないはずだ。記憶のどこを探しても、思い出すことは出来ない。でもなにか、確信に似た想いが渦巻いている。どこで？

「どこかでお会いしたことがありませんでしょうか？」

思わず聞いてしまった。

「どこかで会ったのかも知れませんね。縁という奇妙なものがありますから。そしてまたいずれ会うのかも知れませんね。それが必要な時に」

そう言って、ニッと笑った。優しさで溢れる、引き込まれそうな笑顔。その笑顔を見て、ふと気づいた。そうだ、宮下部長に似ているんだ。溢れ出る優しさと人柄が、大好きなあの人のそれと良く似ていた。

紙谷さんと別れ、また一人館内を見て廻った。

鳥濱トメさんはこんな言葉を残しているそうだ。紙谷さんが教えてくれた。

『生命よりも大切なものがある。それは徳を貫くことである』

命よりも大切なもの。とてもそんな芯を持ち合わせてはいなかった。

というより僕だけではないだろう。平和な今の日本にはまずないのではないだろうか。

はるか以前、といってもまだ70年ほどの昔。自らの命を犠牲にして、家族を守るため、未来を守るために飛び立っていった日本人がいた。

過去を見ながら、今自分がいる現在を見ていた。

自らの命を礎にして彼らが託した未来。今その未来にいる。

任せたぞ、そういって託された未来。僕たちは彼らに胸を張って示せる今を過ごしているんだろうか？　彼らが期待していた日本になっているんだろうか？

遺影を見て、遺書を見て、遺品を見て、それらを見ながら胸が詰まる想いがした。

このままじゃいけない。

もっと本気で生きないといけない。

もうちっぽけなことで思い悩むのはやめよう。

鹿児島の小さな町で、心に誓っていた。

心の真ん中に熱く静かに燃える炎。そうか、これが『芯』なんだ。

智博とはずっと別々にいた。

たまに近くを通ったが、お互い声も掛けずにただ黙って中を見ていた。

僕たちだけではない。その建物の中の同じ空気を共有する誰もが、日常の中で吸ってきた空気とは違うものを感じ、一人静かにそこにあるものを感じようとしていた。

外に出た。冷たい風がまとわり付くように体を包んだ。

左に回ったところに、特攻兵が休んだり、家族への最後の手紙を書いたという三角兵舎がある。

上空から見たときに、松林に隠れるように作られたその兵舎は、薄暗くそして湿った感じがした。ここで自分の死を意味する指令を待っている。それを待っている間に書く手紙。その当時のことがあたかもドラマのように頭の中に浮かんできた。

今同じ境遇だとして、さっき見たような見事な言葉が書けるだろうか、家族を思う言葉が書けるだろうか。出来ない。とても出来そうにない。

そう思って佇んでいた僕の横に、智博がやってきた。

平和会館に入って初めて会話をした。

「すごいな」

「すごいですね」

「甘かったな」

「甘かったですね……」

それ以上言葉が続かなかった。


向こうの方に、さっきの紙谷さんが10数人の方々と話しをしながら歩いていた。おっしゃられていた全国から来た仲間の方々なんだろう。みんな立ち姿が凛としていて、なにかそこだけ独特のオーラを感じた。と思った矢先、紙谷さんと目が合い軽く会釈をした。紙谷さんも会釈をされた。これから富屋旅館に行かれるのだろう。

トメさんの詩が刻まれた石碑もあった。

『散るために咲いてくれたかさくら花散るほどもののみごとなりけり』

それを眺めてまた涙がこぼれた。あの写真や遺書を見た後だけに、その詩の意味が深く心を打った。

最後に特攻平和観音に手を合わせ、知覧を後にした。

帰りのバスでは一言も言葉を交わさなかった。

ただ平和会館で買った『知覧』と書かれたキーホルダーを見つめていた。そして外の景色を眺めては、またそのキーホルダーを見つめた。

『営業という生き方』に書いてあった『生かされている』ということ。それを強く感じていた。

自分勝手に我がままに生きているつもりになっていただけだった。

生きているのではなく、生かされている。それが今まで分からなかった。

窓の外を見ながら託された『今』というものをずっと考えていた。

あの時自分の命を懸けて未来を託した先人達が、欲にまみれ、利己に走るのを見たらなんて思うんだろう。そう考えると恥ずかしくてしょうがなかった。

20歳前後の、若者達が命を犠牲にして守ろうとした未来である『今』、僕はそこにいるんだ。

バスは雪がぱらつき白みがかった道を、右へ左へと折れながらゆっくりと走っていた。

「浦田さん、今日は有難うございます」

新幹線に乗ったとき、声をかけてきた。

「今日は本当にすごい日になりました」

「いやぁ同感だよ。こんな気持ちになれるとは思いもしなかった」

そういうとまたしばらく二人の間に沈黙が流れた。

思いつきでやってきた知覧、ここで社会に出て初めてじゃないかと思えるほどの衝撃を受けた。無理やり引っ張ってきたが、智博も同じ思いだったらしい。

その後、特に声を掛け合うこともなく福岡に着き、そして別れた。

家に帰ってからもあの光景が目に焼きついて離れない。

テレビもつけずにただ鏡の奥に映る自分自身を見つめていた。

その奥にあの特攻隊員達を重ねるかのごとく……。

先人たちに胸を張って見せられる今を生きる。それが今を託された僕に出来る唯一のことだ。恥ずかしくない今を生きよう。

静かに心に誓った。

鏡の奥で、知覧で見たあの青年達が、笑ってくれたような気がした。

「そうか、行ってきたのか」

「はい、おっしゃられていた、本気で生きているのかというフレーズが、何度も何度も頭の中に浮かびました。

生きるということを甘く考えていた気がしました」

休み明けに宮下部長に事務所で会うと、少し興奮気味に知覧に行った感想を語った。

智博も近くにやってきた。

「二人で一緒に行ってきました」

「そうか」

そう言うと、こくりと首を下げた。

「あそこに行くたびに感じるんだよ。託された今という時代を、ちゃんと顔向けできるように生きていられているんだろうかってね」

「確かに感じました。今の時代を彼らが見たらどう思うんだろうって、そんなことを思っていました」

「そうだよな、過去を学ぶことで今を感じただろう。歴史に学ぶとはそういうことなんだよ。ただ歴史を学ぶんじゃない。歴史に学ぶんだ。この違いが分かるか？」

「『を』ではなく、『に』ということの意味ですか？」

「そうだ、ただ知識や学問として歴史を学ぶんではなくて、そこにある意味を、そこにいた先人たちの心を、その時の情勢なども踏まえた上で感じ、そこから今自分がいるこの時を見て感じるんだ」

「確かにあの知覧にあったのは、単なる知識や学問とは違う。そしてただの過去でもない。何か迫力というか、そういうものがありました」

「それが本物の持つ力なんだよ。本物に触れることを意識してごらん。本物からの学びを大切にするんだよ」

「はい」

力強く返事をした。

「それじゃあ、その思いを今日一日にぶつけなさい」

そういうとニッと笑い、外出していかれた。

見送った後、お互いの目を見合った。

本気の目をしていた。

お互いにそう見えただろう。

「いってきます！」

元気良く事務所を飛び出し、それぞれの営業に出掛けた。

第八章　「託されていた道」

第九章　「すでにそこにあった道」

マフラーをして歩く人も余り見かけなくなってきている。町は次第に春の訪れを感じるようになっていた。

でも心はすでに真夏のような熱さだった。なぜか体が火照っているようだった。生かされている『今』を意識し、営業が出来ることに感謝していた。

今日も僕は一軒一軒家を回っている。なんの変わりもない。でも間違いなく意識は変わっていた。以前は断られることが恐怖で堪らなかったのに、今はなぜかそれすらも楽しく思えていた。これも学びなんだと。

心が変わっていくにつれ、一軒の家での滞在時間が延びていった。もうキャンペーンの話でいきなりまくし立てるようなことはしていない。もし困っている方がいたら、その役に立ちたい、その気持ちだけでお客様と接していた。

「君は普通の営業の人とは違う感じがするね」

そんな声を掛けていただいた。こんな言葉をかけてもらったことは、以前では考えられないことだ。いつも怪しまれ、そして鬱陶しがられていた。それが今はまるで違っていた。

話を聞けば聞くほど、悩みが分かるようになってきた。そして信じられないことが起こってきた。それは、お客様の方から依頼いただくようになったことだ。

以前なら、半ばゴリ押しをして次のアポをいただいていた。しかし今は、質問があって、その流れで自然な感じでいただくアポが増えたのだ。

しかも、以前のように望まなくてもアポが取れるようになってきた。

なんなんだろう、この感じは？

まったく分析出来なかった。

なにが起こっているんだろう。

急にツキだしたんだろうか？　正直分からない。

それでも本当に有り難い、そう感じることが増えている気がしていた。

何が変わったか分からないまま、今日の営業を終え、帰りの道をまたゴミを拾いながら帰っていった。

雨が激しく降る夜だった。

風と雨の強さが、事務所の中にいても分かる。砂が窓ガラスに投げつけられているような音が時折していた。

僕と智博は、もうすぐ日が変わるという時間に二人で事務所にいた。どうしても今日中にしておきたい仕事をまとめていた。

「浦田さん、何か手伝いましょうか？」

「いや、大丈夫だよ。気にせずに終わったら帰って大丈夫だよ」

「はい、まだもう少しやることがあるんで」

そういってお互い自分のデスクで仕事をしていた。

まさに日が変わろうとしているその時、静かな事務所に電話の音が鳴り響いた。

こんな時間にいったい誰だろう？　そう思いながら、電話に出た。

「はい、レインボーリフォームです」

電話の向こうでは、かなり慌てた様子で、最初その声を聞き取ることが出来なかった。

「もしもし、どうされました？」

「雨漏りがしている。すぐに来て欲しい」

やっと聞き取れた電話の内容にビックリした。

雨漏りなんてかなりの緊急事態だ。

そうはいってもこの時間だ。メンテナンス部門の誰も事務所にはいないし、つかまるわけもない。かといって、明らかに困ってらっしゃるこの電話の向こうにいるお客様を放っておくわけにもいかない。

どうしよう……。とっさに考えたが、すぐに心は決まった。行こう。なにが出来るか分からないけど、とにかく今出来ることをしよう。困っているなら役に立とう。

「すぐにお伺いします。しばらくお待ちください」

そういって電話を切った後、事務所の中にあるビニールシートやタオルなどをかき集めた。出来ることしか出来ないんだ。

「浦田さん、どうしたんですか?」

その行動を不思議に思い、智博が声をかけてきた。

「雨漏りが起こったそうなんだ。この時間にメンテの人達が捕まるわけもないし、とりあえず行くしかないと思って」

「それなら一緒にいきますよ。お手伝いします!」

その言葉は力強かった。

「大丈夫か。助かるよ、ありがとう」

準備をし、すぐに行くことにした。ありあわせのメンテグッズを車に乗せ、電話をもらった瀬川様の家に向かった。

その家は春日市にある。事務所からはこの時間なら30分くらいだろうか。

前が見えないくらい降りしきる雨の中、目的の家を目指し車を運転した。ワイパーが拭っても拭っても雨は叩きつけるようにガラスに足跡を残していく。

家に着いたのは午前1時を回った頃だった。

「こんばんは、レインボーリフォームの浦田と申します」

ご近所に気を使いながら極力小さな声でご挨拶すると、中からご主人が出てきた。

「いやぁ遅くに申し訳ないのですが、以前増築したところからの雨漏りがあって困ってるんですよ」

そういうご主人に、正直に僕たちのことを伝えた。

それは、メンテナンス部門は明日の朝でないと連絡が取れそうにないということ。

メンテナンス部門の担当ではなく、ただの営業だということ。

雨漏りに対して何のノウハウも持っていないということ。

しかし、出来る限りのことをして、安心していただくためにやってきたということ。すべてを正直にお伝えした。

奥様は正直な告白に仰天して不信感をあらわにしていたが、ご主人は「宜しくお願いします」と頭を下げた。

さっそく中を見せていただくと、増築した繋ぎ目のところから雨漏りがしているのか、その辺りは水浸しになっていた。

聞くと保証期間は過ぎているようだったが、困って電話をかけてこられたようだった。

智博を従えて外に出た。

降りしきる雨の中をビショビショになりながら、まずブルーシートを広げた。

とにかく応急処置をしなければ。

はしごを立てて、さっき雨漏りしていたところの屋根に上ってブルーシートを張ろうとした。

「そっち側を頼む」

「えっなんですか？」

「そこを結んでくれ！」

降りしきる雨と轟音を響かせる風が会話を邪魔する。

20分、雨漏りしていた部屋の上になんとかブルーシートを張って、それから家の中に戻った。

家の中を雑巾掛けしながら雨漏りが止むのを待った。

ピチョンピチョンと水滴が床に落ちる。一定の間隔で落ちる水滴を、目を凝らして見ている。この水滴が止まればとりあえずは安心なんだけど。

しかし祈りは虚しく、水滴は時間を経てもまったく落ちるのを止めようとしない。

「もしかしてあそこじゃなかったんでしょうか？」

「でも間違いなくここの上に張ったんだけどな」

ご主人が心配そうな面持ちでやってきた。

「ごめんなさいね、こんなにびしょびしょになって。これ以上は風邪をひいてしまいます。雨が上がって改めてで大丈夫ですよ」

そうおっしゃられたが、ニッと笑って言った。

「大丈夫です。必ず止めてみせます。安心していてください」

そう言うと止まない雨の中、もう一度レインコートを着て外に出た。雨は止むことを忘れたかのようだ。

冬の雨は本当に体が凍るようだ。手はかじかんで言うことを聞かないし、顔は雨を受けて寒いというよりむしろ痛い。

もう一度はしごを立てて屋根に上り、懐中電灯で屋根を照らした。降りしきる雨が白い毛糸のように視界を邪魔し、先を見ようとするのを拒んでいる。もっと近くで見るしかない。

瓦の上を注意深く歩いていった。滑り落ちないように一歩一歩確かめながら。懐中電灯で照らしてみるが、専門家でもなんでもないのでどこが悪いのかまったくわからない。「もう少し上か」と、ブルーシートを張ったところよりも上の方を見ている時だった。

バキッ。

鈍い音と共に、僕の左足が何かにはまった。

一瞬何が起こったのか理解出来なかった。雨の冷たさで思考回路は停止していた。何が起こっているのか頭が理解していくと同時に、どんどん血の気が引いていった……。

屋根に穴が開いている。いや、足が穴を開けている……。

とんでもない事をしてしまった。隠しようの無い事態だ。

「どうしたんですか？」

向こうから叫んでいる。この雨音で屋根が割れた音が分からないんだ。

「ちょっとまずいことになった。もう一枚ビニールシートを持ってきて」

とにかくここを塞がないと、雨漏りはもっと激しくなってしまう。

はまり込んだ足をゆっくり抜くと、屋根を突き破って下地のほうまで無惨に穴が開いている。なんてことをしてしまったんだ。雨漏りを止めに来て、余計に穴を開けてしまった。

左足は軽い捻挫をしているようだったが、そんな痛みよりも、まずいという気持ちのほうが勝っている。とにかく丁寧にブルーシートで雨の進入を防いで、下の部屋に入っていった。部屋は更に水浸しになっている。

僕は恐る恐る事の次第をお伝えした。ご主人は怒るでも呆れるでもなく、ただ「そうですか」といって奥に入っていかれた。

引き続き水浸しになった部屋を雑巾がけしていると、ポタッポタッと落ちてきていた水が止まった。

「止まった、のか?」

「外はまだ降っていますよ」

窓を開け、外の様子を確かめ言った。

「止まったみたいだな」

ホッと胸をなでおろした。

外では依然強い雨が降りしきっている。

間違いない。なんとか雨漏りが収まってくれた。安心するのと同時に左足に痛みが走った。

「いたたた……」

「大丈夫ですか？　浦田さん」

「うん、軽い捻挫だとは思うんだけど」

それからしばらく雑巾がけを続けていたが、もう雨漏りはなかった。

ご主人にご挨拶をし、朝になったら再度メンテナンスの方からご連絡するとお伝えして、家を後にした。時計は3時を回っていた。

「バカもん！　なんてことをしてくれたんだ」

その朝、課長に未明の内容を報告すると、案の定カミナリが落ちた。なんのノウハウも無いのにお客様の家に行き、屋根を割ってしまったんだから無理もない。

どんな処分があるんだろうと不安になった。

屋根の補修分の給料カットなんてされたら、しばらくご飯も食べれそうにない。どうしようか？　そんな考えが頭の中を駆け巡る。その間も説教は続いていた。

メンテナンス部門の方にも加わってもらって、対応を話し合った。その話し合いの途中も、ひたすら「なんで勝手な真似をしたんだ」「お前はどう責任を取るんだ」と責め立てられた。なぜだなぜだと責め立てられながら、どんどんへこんでいっていた。

すみませんと謝ることしか出来なかったが、それでもまだまだ説教は続く。

「修理の際に、もう一度お詫びに伺います」

そういう僕に、

「行ってお前が責任取れるのか」

とまた怒声が飛んだところで、宮下部長がやってきた。

「どうしたんだ？」

一通りことの次第を聞いた後しばらく黙っていた。そして口を開いた。

「君が一緒にお詫びに行ったらどうだ」

そう言われた課長は明らかに不満そうな顔をした。行きたくないという顔だ。

「わかった。私が行こう」

一瞬だった。躊躇ったのを見て、すぐに自分が行くとおっしゃった。

「申し訳ありません」

「なあに。君は信念を持って行動したんだろう。仮に失敗をしたとしても、お客様の為を思っての行動なら、後の責任を取るのが我々経営側の役割だ。心配しなくていい」

その言葉が優しく響いた。温かさに救われた感じがした。

昼になる前に、メンテナンスの方と一緒に、瀬川様のお宅に伺った。屋根には今朝方雨の中張ったブルーシートがそのままになっている。雨はすっかりあがっていて、雲の隙間から晴れ間も少し見えていた。

恐る恐るチャイムを押した。

後ろに宮下部長が立っている。緊張していた。待っている時間がとてつもなく長く感じた。

しばらくして玄関が開いた。「さぁ、何を言われるんだろう」覚悟する僕に対し、出てきたご主人からは、意外な反応が帰ってきた。

「あぁ、浦田さん。今朝は本当にありがとうございました」

「えっ、あのぉ、本当にご迷惑をおかけいたしまして……」

「何を言ってるんですか。私はお礼を言いたいと思っていたんですよ」

宮下部長が自己紹介をした。

「あぁ上司の方ですね。この方は、今朝方のひどい雨の中を必死に雨漏りを止めるために頑張ってくださいました。結局雨漏りの原因は、増築の部分じゃなくて、もともとうちの家の屋根が傷んでたからでした。自分の会社は関係がないことなのに、うちの雨漏りを直すために寒い中をびしょ濡れになりながら頑張ってくださって。おかげで雨漏りも止み、本当に助かったんですよ」

「しかし、お宅様の屋根を当方の不注意で割ってしまったとのことで」

「それももともとの屋根が腐っていたからなんでしょう。おかげで原因が分かりましたよ」

「まあそうも言えますが……」

「修理はしてもらいますよ、部長さん」

「はい、覚悟はしています」

「覚悟？　なんの覚悟をしているんですか？　屋根の土台が腐っていたんですからいず

れ補修しなければならなかったわけですし、当然お代はお支払いしますよ。その代わり部長さん、私の方から条件があります」

「条件、ですか？」

「この浦田さんの成績にしてあげてくださいね」

「えっ？」

僕は会話の内容が意味するところについて行けずにいた。

「浦田さんの成績でと言ってるんですよ。この人は、自分の利益にもならないような顧客のお願いに、真正直にそして真剣に応えてくれた。私は本当に嬉しかった。いい社員さんを持たれましたね、部長さん」

瀬川様は屋根の補修を僕の注文でとおっしゃっていた。どういうことかよく理解出来ていなかったが、一礼しお宅を後にした。

何を評価いただいたのか分からなかったが、とにかく喜んでいただいている、それだけでなんとなく嬉しかった。

「君の心が伝わったんだなぁ」

帰りの車の中で優しい口調でおっしゃった。

「えっ？」

「困ってらっしゃるからなんとかしたいという、君の心が伝わったんだよ」

「心ですか？」

心が伝わったと言われても。今朝はただただ無我夢中だっただけだ。

「損得を超えたところで君が動いたから、瀬川様の心が動いたんだよ。まだ自分の利益になるかどうかだけで動くことを決める人達がこの日本には多くいる。しかしそれだけでは心の通わない冷たい人間関係になってしまう。君は自分の利益とかそういうものを度外視して心で動いただろう？　頭ではなく」

「頭ではなく、心で？」

確かにあの時、頭で色々と考えたわけではなかった。なんとかしてあげたいという気持ちだけで動いた。

「人の心が動く時というのは、頭で計算をした行いではなく、そういう損得抜きで心で動いた時なんだ。今朝の君の行動は、まさにそういう心で動いた行動だったんだよ」

そういってニコッとした。眼鏡の奥の優しい眼差しが、包んでくれている。褒められてちょっと気恥ずかしかった。

「やっぱり最後は人間力が決めるんだな」

「えっ？」

人間力ってなんだろう。以前言われて以来、それについてずっと考えてきた。まだ何も答えが見つかっていなかった。

「そんなものが僕にもあるんでしょうか？」

「もちろんだよ。今回のことだって、それが実を結んだわけじゃないか。損得じゃなくお客様のために動く。立派な君の人間力だ。そして、まさにこの事業を興した時に思い描いていた在り方だよ。

君はまだ気づいていないのかも知れない。でも覚えておいてごらん。

必要なものは、もうすでに与えられているんだよ。後は自分自身で気づくかどうかの違いだけなんだよ」

会社に着いてすぐに課長に報告をした。キョトンとした顔が妙に可笑しかった。瀬川様からは僕の成績にと言って頂いていたが、宮下部長に相談して、僕と智博の二人で分けることを承諾してもらった。

「浦田さん、許してもらえたんですか?」

智博が心配そうに聞いてきた。さっきの出来事を驚きたっぷりに説明した。もちろん帰りの車の中で教えられたことも。二人とも晴れ晴れとした嬉しい気持ちの中に包まれた。

その日家に帰るとさすがにどっと疲れが出た。でもなんとかノートを開き、今日学んだことを書きとめておこうと思った。眠気をヤル気で抑え込んだ。

頭で考えて動くのではなく、心で動く。そんなこと今まで考えたこともなかった。確かに以前の僕は、すぐに頭で考えて動いていた。お客様の心が動かなかったのは、そのせいなのだろう。

それにしても、「必要なものはもうすでに与えられている」そうおっしゃった。それに気づくかどうかの違いだけだと。

もうすでに与えられている？　その意味を考えていた。

そういえば、この間読んだ本にも書いてあった。

あるお坊さんが思い病気になって、養生していた。縁側でゆっくりとしていたときにふと風鈴が鳴った。風鈴がなったということは風が起こったということだ。風が起こったということは空気が動いたということ。そのお坊さんはそこで気づいた。「空気さん、そこにいたんですね」と。目の前にありながら見えない空気。でもその空気があるお陰で自分は生きていられる。こんなにも素晴らしいご恩に恵まれていながらも、今までなんの感謝もせずに過ごしてきたのか、そうそのお坊さんは思い、「空気さん有難う」そういって手を合わせた。それから目の前の見えないものを感じ、手を合わせるようになっていった。それと同時に病は治りだしたという話だった。


そうか、すでに多くのことに恵まれていたんだ。

それに気づいていないだけだったのかも知れない。

手を伸ばせばそこにあった。

でもいつもその手を引っ込めて、自分で勝手に苦しんでいた。

こんなに多くの仲間が、多くのご縁が、多くの学びがあったのに、気づかなかっただけだったんだ。

おっしゃっていたのは、こういうことなんだ。

そうだ、僕自身が自分で気づこうとしていなかっただけなのかも知れない。

そう思うと、宮下部長も生野先輩も、最初からずっと声を掛けてくださっていた。今でこそ少し聞く姿勢が出来たが、ずっとそんなことすら気がつけない日々を過ごしていた。自分で自分の縁を断ち切ってきたんだ。

そう考えると申し訳なくて、情けなくて、とても恥ずかしかった。

自分で勝手に未来を悪くしていたんだ。

いただいたご縁を粗末にしながら。

宮下部長ありがとうございます。心の中で何度もそう言った。いつも導いてくださっている。それが本当に嬉しかった。

ふと目に留まった鏡に映る男が語りかけてくれた。

「人間力とは気づく力なのかも知れない」

忘れないうちにその言葉をノートに書き写した。

その日はベッドに入るとあっという間に寝てしまったようだ。

疲れが体中に染みわたり、そして癒されていくのを感じる。

新幹線のホームにいた。すっかり春を感じさせる福岡の3月31日。関西の大学に旅立つ日。友人に見送られ僕は新幹線に乗り込もうとしていた。

周りはサラリーマンと親子連れがほとんどだった。近くの子供が新幹線に興奮していた。よっぽど嬉しいんだろう。あちこちキョロキョロしながら、新幹線を指差しては興奮気味にお母さんに話しかけていた。

向こうのほうが気になる。どの辺りにいるんだろう。わざわざ見送りに来てくれていた友人を尻目にそわそわしていた。意を決し友人達に「ジュースを買ってくる」と言い、自動販売機のほうに向かって歩いていった。

柱の影になったところ。いた。見送りに来てくれていた。見送りに来てくれている友人に、彼女の存在は訳あって秘密だった。だから隠れるような格好で、見送りに来ていた。

何か声を掛けてあげたいと思っていても、何も言ってあげることが出来なかった。ただ黙ってうつむき加減な顔を見ていた。どうしていいか分からないような、不安そうな顔をしている。

「そろそろ行かないと。ジュースを買うには長すぎる……」

その言葉で彼女の目から堰を切ったように涙がこぼれる。言いたくなかった言葉を言ったその心に、涙が烙印を押すかのごとく深く刻み込まれた。なにか言ってあげたい、言わなくてはならない、そんな気持ちとは裏腹に、一言の言葉も掛けてあげることが出来なかった。しくしくと淋しそうに泣いている彼女を後に、僕は友人のもとに戻り、握手を交わし、新幹線に乗り込んだ。空いた車内の席に荷物を置いた。

発車を告げるベルが鳴り響く。止められるのなら止めたいと思うそのベルの音。想いがかなったかと思うそのベルの終息は、実は別れを今この瞬間に引き寄せるものだった。

万歳で見送ってくれた友人。笑顔で別れの挨拶をした後、動きだした新幹線からホームに目を凝らす。彼女だ。あちらから見えるんだろうか。必死に手を振った。見えているのか見えていないのか分からない。しかし何度も何度も手を振った。

ついさっきまで近くにあったものが、どんどん遠くなっていった。

眩しい朝日に目が覚めた。涙が目尻をつたっていた。

別れ。また別れのひと時を夢に見てしまった。しかも妙にリアルに。この夢が何かの意味を持っているのか。その時はまだ計り知ることは出来なかった。

明るい日差しの中で強い風が吹いている。目を薄目にしながら空を眺めた。この風が春の訪れをを運んでくれるのだろうか。
今日も営業を終え、ゴミを拾いながら帰っている途中、電話が鳴った。
また知らない番号からだ。
「はい、浦田です」
「あのぉ、ちょっとお伺いしたいんですが」
まったく初めての方からの電話。
近頃こんな感じのことがよくある。
しかも話を聞かせて欲しいという依頼が多かった。
以前はこんな電話をいただいたことなんてない。
これを僕は『幸せの電話』と名づけた。
それからのアポイントは、ご注文に繋がるケースが多かった。
今日もご縁をいただけた。
ただそのことに感謝していた。そしてそのご縁を大切にし、その方に何かしてあげたい、何か役に立ちたい、そういう思いで満たされていた。

そう、最近幸運続きだ。

営業がこんなにも楽しく、そしてご注文をこんなにも簡単にいただけるなんて思いもしなかった。

もしかしたら、自分で営業を難しくし、こねくり回していたのかもしれない。そう思った。

3月も中旬になり、花粉症の僕がそろそろ花の匂いというものを感じ出した頃、課長に呼び出された。

「浦田、今年の頭にお前に言ってた話、覚えているか？　営業を外れないかという話だよ」

そう言われて、「あっ」と叫んだ。

そうだった。営業を辞めさせられるかも知れなかったんだ。自分のことだったが、すっかり忘れてしまっていた……。それを忘れるほど毎日に集中していた。

「はい……。それで、どうなったんでしょうか?」

恐る恐る顔を見てみた。

右の眉だけ上げながら聞いた僕に、笑わない眼鏡の奥が少し優しげな表情をして言った。

「大丈夫だ、心配するな。よく頑張ったな。お前はこれからも営業だよ」

それを聞き、思わず表情がほころんだ。良かった……。まだ営業を続けられるんだ。

ホッと胸をなでおろした。

「それにしても、以前までのお前とは別人のような成果だ。どうしたんだ、何があったんだ?」

「いえ、たまたま運が良かっただけです」

本当に僕はただ運が良いだけだった。ご縁に恵まれていた。

変わったといわれても実感がない。特にスキルが短期間で向上したわけでもない。もし変わったとすれば、教えていただいた『考え方』や『心』の部分だけだった。

「表情もいいし、突然生まれ変わったとしか思えんな」

そういうと訝しげに僕の顔を見ていた、眼鏡の奥の笑わない目で。

ニッと笑い、礼をして自分の席に戻った。

向こうの席で智博もニッと笑っていた。

第十章　「それぞれの道」

桜のつぼみがそろそろ芽吹きだす頃、周りで一つの噂が立ち始めた。

「おい、知ってるか?」

「あぁ、なんでも辞めるらしいな」

「経営陣との確執らしいぜ」

「別会社を起こすって話もあるらしいぞ」

色々な憶測が飛び交っていたが、まったく信じることが出来なかった。

あの宮下部長が辞めるなんて。

以前見た、妙にリアルで意味ありげな夢が急に頭の中に浮かんできた。

その時電話が鳴った。

「はい浦田です」

「浦田君、僕だ。今日飯でも食いに行かないか」

「今日ですか、もちろんです」

宮下部長からの誘いは初めてだ。噂のことも気にはなったが、突然のお誘いに僕は胸を躍らせた。


智博も一緒に連れてくるように言われていたので、二人でおっしゃられた店へと入っていった。竹が品良くディスプレイされている玄関。場違いな感じがしながら、規則的に敷かれた石畳の上を歩く。

仲居さんに連れられて入ったその部屋には、すでに宮下部長がいらっしゃった。

「やぁ二人とも、まぁ座りなさい」

そう促され、座布団に正座した。

「足を崩しなさい。今日はいいんだよ」

そういって促した。顔を見合わせた後それにならった。

「突然すまないね」

少し疲れたような表情だった。ビールを頼んでしばらく他愛もない話をしていた。尊敬する宮下部長との時間を楽しんでいた。

「二人には本当のことを言っておこうと思っていてね」

おもむろに話し出したその顔は、少し寂しそうだった。

「この3月いっぱいで退社することにしたんだ」

噂は本当だった。

「退社ですか？」

信じたくなかった。何度も救ってくれた宮下部長が退社するなんて。

なんで？　そう言いかけたところで再び話しだされた。

「かみさんが肺を患っていてね……」

「奥様が？」

病気が原因だった。そうだったのか。突然のことになにも言えずにいた。

「あぁ、去年からずっと調子が悪かったんだ。もともと病弱なところがあったんだけどね。

　いろいろと思い悩んだんだが、空気の綺麗な宮崎の実家に帰ることにしたんだよ。やはり都心の生活はなにかと便利なようだけど、病気のことを考えると良くなさそうだからね」

「えっ、宮崎に？」

「そうだ、実家は家も大きくてね。夫婦が住むくらい、余裕で部屋があるんだ」

　軽く笑った。淋しそうな笑いだった。

「お仕事は？」

「そうだね。うちの親もそろそろいい年だから、代わりに農家をやろうかと思っているんだ。慣れないけどね。でもきっと出来るようになる。うちの親の血を引いているわけだからね」

　会社を辞める……。受け入れがたいその現実と、奥様の病気が原因というどうしようもない感情の中で、ただただ口を開けずにいた。

あまり味が分からなかったが、出されてくる料理を無言で食べていた。

長い沈黙の中、話し出した。

「なんかしんみりしてしまったね。

でも今日二人を誘ったのは、君達二人に伝えておきたいことがあったからなんだ」

そういうと僕たちにハッキリとした言葉で語りだした。

「このレインボーリフォームを立ち上げたとき、色々な反対にあった。それこそ孤立無援の状態だったんだよ。

でも信じていたんだ。

この事業がお客様のためになり、地域のためになり、そして社員や会社のためになっていくと。

その想いは今でも変わらない」

目が強い光を放っていた。

何も言えないまま、ただじっと見つめていた。

「僕はこの会社を去る。でもこの事業は、この心は、君達次の世代に引き継いでいって欲しいと思っているんだ。

浦田君、君は心技体という言葉を知っているか？」

「はい、小さい時はこれでも空手道をやっていましたので」

「そうか、それなら心技体全てが合わさった時に、本当の力が発揮されるということは分かるな」

「はい」

「会社にも心技体がある。

『体』とは会社の規模だ。

会社が大きくなるにつれ社員も増え、事業の体は大きくなっていく。これはある意味自然な流れだ」

大きく頷いた。

「『技』とは売る技術だ。

売るためのツールやトークなんてものは、会社の規模が大きくなればなるほど、人が増えれば増えるほど、様々な改良が加えられて、どんどん良くなっていくもんなんだ。

今君達が使っているツールやトークは、この事業を興したときには誰も持っていないものだった」

確かにそうだ。当たり前に使っているツールやトークは先輩達から教えられ、そして与えられたものだった。

「そして最後の『心』これが重要なんだ。

どんなに事業の規模が大きくなろうとも、心がついていかなければ本当の意味での成長とはいえない。しかしなかなかこの心がついていかないんだ。

技や体は簡単に大きくすることが出来る。でも心だけは簡単に大きくすることが出来ないんだ。むしろ技や身体が大きくなるにつれ、心はどんどん衰退していってしまうんだ。だから大企業でも不正や驕りから簡単に失敗して崩れていく。事業が長続きしないのはみんなこの『心』が関係しているからなんだ。

でも『心技体』と心が一番上に来ているように、心が一番重要な意味を持っているんだ。

どうか二人にはこの意味を感じて欲しい。創業者といっていい僕の『心』を引き継いで欲しいんだ」

「僕たちが？」

顔を見合わせた。

心。果たしてそんなことが引き継げるんだろうか？

僕達の不安を静かに包み込むように、宮下部長は再び言葉を続けた。

「いきなりこんなこと言われて戸惑うのも無理はない。でも君達なら必ず出来る。心を大切にしようとしている君達にしか出来ないといってもいいのかも知れない。
君達だからバトンを渡せるんだ」

その言葉から降り注ぐパワーを感じた。

「どう働くか、どう生きるのか、いつも考えてごらん。それが君達の心を作っていくからね」

「はい」と言ったきり、下を向いていた。どう生きるのか、その意味するところを必死に理解しようとしていた。

「どう生きるのか。すぐに理解してくれというのは難しいのかもしれないね。でも是非理解して欲しいんだ。大事なことだからね。
そうだ、一つ紹介しよう。

長崎にね、みちお地蔵というお地蔵さんがいるんだ」

唐突に話しだした。

地蔵？　突飛した話に、共にキョトンとした顔をしていた。構わず続けた。

「長崎にね、『地獄坂』と呼ばれる急勾配の坂があった。

戦後の貧しい時にはガソリンも手に入らなかったらしくてね。バスは木炭で走っていたんだよ。木炭ではパワーがないから、走っても走行中によくストップして大変だったそうなんだ。

そんなバスだから、坂道を登るときには特に大変だったらしい。よく途中で止まって、乗客が降りて坂の上まで押し上げることもあったらしいんだ。

その長崎にね、鬼塚道男君という心優しい青年がいたんだ。いつもニコニコして、決して人と争わない。頼りなさをいつも指摘されるような青年だった。

道男君はバス会社に就職した。バスが好きだった。みんなが困っているのを助ける仕事だからね。

昔は今みたいにワンマンではなく、運転手と車掌との二人で運行していたんだ。ある日道男君が車掌を勤めたバスは、坂の途中で止まった。それだけならまだしもシャフトが折れてしまい、運悪くブレーキも利かなくなってしまって、ズルズルと後退を始めたんだ。『何か輪留めになるものを』という運転手の言葉で彼は飛び降りた。大きな石などをタイヤにかまそうとするがバスは止まろうとしない。急な坂道なのでバスはどんどん後退していってしまう。乗客も飛び降りればいいのだが、もともとこのバスを利用するのはお年寄りや子供が多く、それすらも出来ない状態にいた。この先このまま下がっていくと崖から落ちてしまう。

乗客からは悲鳴や泣き声が聞こえてくる。

カーブに差し掛かり、いよいよ本当にまずい、そんな時だった。

ガタンと大きな音が鳴った。乗客は後ろにはじかれた。

一瞬の悲鳴の後、バスの中を静寂の間が支配した。誰もがなにが起こったのかを理解しようと必死だった。今いる状況を確かめ、周りの景色を確かめ、外の状況を確かめて。ある初老の男が言った。

『バスが止まった！』と。

本当にすんでのところだった。あと１ｍも行けば崖から真っ逆さまというところだった。

乗客たちは安堵した。

自分達は助かったんだと。誰もがその状況を喜んだんだ。

ところで、このバスはどうやって止まったか分かるかい？」

どうやって？　急に聞かれたがまったく分からなかった。その問いかけに、何も答えられなかった。

しばらくの沈黙の後、静かに言った。

「このバスはね、道男君がバスが崖に落ちる直前に自分の体を車輪に絡めて止めたんだ。即死だったそうだ」

言葉を失った。自分の体でバスを止める。そんな……。

「この坂道に今後同じようなことが起こらないようにと、数年たってみちお地蔵が祀られた。

道男君はとっさの判断で自分の命を犠牲にした。しかしこれは誰にでも出来ることじゃあない。

それまでの人生の中でどういう心を養ってきたか。それがとっさの時の行動に現れるんだ。

人は死んだときに初めてその人生の価値が分かる。確かに道男君のように崇高な死に方は出来ないのかもしれない。それでもどう死ぬか。それはそのままどう生きるかに繋がっていくんだ。

佐賀で書かれた『葉隠』という本にも有名な言葉がある。『武士道とは死ぬこととみつけたり』と。あれは死ぬということがよくクローズアップされて、死ぬことが美学だというような理解をされているけど、本当は違うんだ。人間誰もがいつかは死ぬ。そのいずれ迎える死をちゃんと意識するから今という命が輝くんだ、今を精一杯生きることが出来るんだ、そういうことを言っているんだよ。
どう生きるのか、どういう心を磨いていくのか、いつも考えてごらん。
仕事だけがすべてじゃない。どう生きるかが大事なんだ。
そのどう生きるかを考えていけば、仕事も一生懸命になれる。
なぜなら、どう生きるかを考えていけば、必ず『今』という瞬間にたどり着くから」
「はい」
はいとだけ答えた。
智博は黙っていた。
それが精一杯だった。
とても大切なことを教えられていた。そしてそれを教えてくれている目の前の人は、
もうすぐ目の前からいなくなってしまう。
言い表せない感謝の気持ちと惜別の念が、ぐるぐると回っていた。
「本当に辞めてしまうんですか？」

そう言おうとしたが、言葉を発することが出来なかった。その代わりに涙が一筋頬を伝った。右手で髪をかきあげるようにしながら、涙を二人に見せまいとした。左手はズボンのひざの辺りを強く握り締めていた。

人には出会いもあれば、必ず別れがある。でも別れを意識してその人と付き合っていれるわけではない。こうしてその別れが現実に目の前に現れて初めて別れというものがあるんだと認識する。その時に生まれる感情は、そのほとんどが後悔だ。今になってそんなことに気づくなんて、どれほどバカなんだろう。これまでの5年間を思い出し、そしてその時間を大切にしてこなかった自分自身を悔やんでいた。

やっぱり涙がこぼれた。もう隠し切れなかった。

そんな僕を優しく見つめてくれていた。いつもの眼鏡の奥のあの瞳で。

その目も赤く潤んでいた……。

窓の外、真ん丸になった月が、心を温かく包んでくれるかのように優しく地面を照らしていた。

宮下部長がこの会社を去る。

その事実を知っている人がいたとしても、その意味を知っているのは、恐らく僕と智博の二人。そしてその想いを知っているのも二人。

心を引き継ぐ。

託されたその言葉の意味を考えながら、営業活動を続けていた。

「まさに七色の虹のように、すべてのニーズに応えるリフォームを手がけられる専門家」、そう言った宮下部長の目にはどんな笑顔が映っていたんだろう。

それを考え出すと、ただただ本当に満足していただきたい。役に立ちたい。そういう思いだけだったのではないかと思えてくる。

決算だなんだということが、満足の為に生まれてきた思いなんだろうか？　そうではないはずだ。それは会社というしがらみが生んだ産物だろう。すべてが会社サイドのもの。会社側の視点から生まれたものであり、しがらみが増えたからこそ生まれてきたもの。

だったらそれを超え、本当の満足の為にというもとの想いに立ち帰るのがやるべきことなんじゃないか。

リフォームを通して、お客様の問題解決をし、そして少しでも幸せになっていただきたい。そういう想いを強く持ち、それをそのままお客様にも伝えるようになった。

教えられていた言葉が蘇ってきた。

「君たちから商品を買うわけじゃないんだ。君たちの想いに共感し、その想いにお金を預けてくれるんだよ。それを忘れちゃいけないよ」

どんな心でその想いを伝えるのか。その心が大事なんだと改めて考えていた。

まだまだ心を高めていかなければならない。おっしゃっていたように心を磨き、この想いを正しく伝えられるようになるまで……。

街中のところどころで見る『新生活』の文字。それを見るたびにどうしても宮下部長との別れを意識してしまう。

新しい生活が始まるのか、それとも今の生活が終わるのか。

いつもだったらこの文字を見てワクワクしていた。今年ばかりは、終わるという意味の方がクローズアップされ、いつしかこのフレーズから目を背けるようになっていた。

桜よ、まだ咲くな。まだ咲かないでくれ。せめて別れを新たな出会いの始まりと言えるほど、この別れに整理がつくまで。

「まさかお前達がな。危うく抜かれるところだったよ」

いつものように背中が鳴った。

「たまたまですよ。まだまだ及びません」

「よく言うよ」

肩に手をやり、もう一度背中を叩いて先輩が歩いていった。

3月も終わりを迎えようとしていた。

そう、別れの日が近づいてきていた。

3月に入り立て続けにご注文をいただき、トップの生野先輩に肉薄した。いつも定位置だったビリから大きく飛躍した。

それにしても思いもよらない幸運に助けられていた。

なぜご注文いただけたのか分からない。そんな不思議なご縁でご注文をいただけている。そんなことを実感する毎日だった。

生野先輩に言った言葉どおりの気持ちだった。

たまたま。そういうご縁に助けられていた。

「もうすぐ3月も終わりますね」

聞きたくもないフレーズだ。

「あぁ、そうだね」

僕はカレンダーを見た。

残りほとんど少なくなった3月のページが、その時を伝えていた。

別れの時を……。

もうすっかり春になっているはずだが、今日は朝から風が冷たく、冬がその存在を忘れてくれるなと主張しているような、そんな寒い日だった。

今日は出社最後の日。

ついにこの日がやってきた。やってきてしまった。別れの日だった。

注文書を申し送り、事務処理を終わらせた上で宮下部長にお別れを言いにいった。

もうすでに机は綺麗に片付けられていた。いよいよ準備が出来たらしい。

「長い間、お疲れ様でした」

「やぁ二人とも、悪いね」

『こういう時は花束ですよ』と言うもんだから花束を用意したのに、まわりはもう花束であふれていた。持って帰るのが大変だと思えるくらいの量だった。

「お疲れ様でした。宮崎に行かれてもお元気で」

「寂しくなりますが、後のことは任せてください」

本当はもっとしゃれた言葉もあるのだろうが、胸がいっぱいで月並みの言葉しか浮かんでこなかった。それでも精一杯の言葉を贈った。


ふいに採用していただいた日のことを思い出した。

「君はなんの為に働くんだい？」

そう聞かれてなにも答えられなかった。

そんな僕を見つめて、おっしゃられた。

「今は答えられなくてもいい。むしろ上辺で答える必要はない。その答えをじっくり見つけていってごらん」

そう言った時の目が本当に優しかったのを覚えている。なんの為に働く。問われ、そして教えられ続けたそのことを、胸に刻み込んでいた。

表情からなにかを悟ったのか、静かに話し出した。

「後は任せて大丈夫そうだな。

二人とも本当に立派になった。満足だよ。

安心して託していける。

君達はこれからも成長していくだろう。

でも忘れないでくれよ。心を磨いていくということを」

「はい」

目を見てしっかり答えた。

居住まいを正して言った。

「彼はね、こんなことも言っているんだよ。

心が技術を超えない限り、技術は生かされない

心を磨き、高めるんだよ。

君達は、まだどう生きるか、それを探し求め始めたばかりなんだから。

日々成長していきなさい。

それが『永業』という道だよ」

「はい、教えていただいたことを、一つずつ身に付けていきます。そして、どう生きていくか、なんのために働くのかを探求していきます」

少し息を吐いて、「君は古風だなぁ」と言いながらニッと笑った。

僕と智博もニッと笑った。

それが別れのサインだった。

足を進め、握手を交わした。

強く、しっかりと握ったその目を見て、

「バトンタッチだ」

そう言うと、もう一度ギュっと強く手を握った。

口元を締め、その手をしっかりと握り返した。

「それじゃあそろそろ行くよ」

そういって荷物を抱えた。

ついに別れの時がやってきた。

お礼の言葉を言わなければ。これが最後なんだから、今までの感謝を伝えないと。気持ちとは裏腹に、口から言葉を発することは出来ない。強く噛み締めている奥歯を緩めると、途端に涙が溢れていってしまう。

それを分かっているかのように、フッと笑い出口の方に歩き始めた。

別れの言葉をもう皆と交わしていた宮下部長は、出口の前で振り返り、深々と一礼をした。ゆっくりと、この会社での思い出を振り返るようにゆっくりとした礼だった。去り際が見事だった。多くの社員に見送られながら。事務所内に大きな拍手が巻き起こった。

事務所の窓ガラスから姿が見えなくなるまでずっと見送っていた。

「本当にありがとうございました」

心の中で何度も言った。

僕と智博は静かに泣いていた。去って行く姿を遠くに見つめながら静かに泣いていた。

この涙はきっと過去を引きずるものではなく、輝く未来に繋がる涙だと思っている。

託された『今』を懸命に生きていく、それが託された者に出来る唯一のことなんだ。

明日への希望を胸に、この道を歩いていく。

教えていただいたこの道を。

第十章　「それぞれの道」

エピローグ　「永業という道」

宮下部長がこの会社を去ってから、すでに3年が経っていた。

宮崎に行かれた後もたまに手紙のやり取りをしている。奥様は快方に向かっているらしい。胸をなでおろしていることだろう。このあいだいただいた手紙からすると、随分農業にも慣れてきたとのことだ。今度おいしいマンゴーを送るとおっしゃっていた。

生野先輩は実家の稼業を継ぐために地元に戻った。建設会社の二代目として、四国の香川で活躍されているそうだ。去年福岡にいらしたときに久しぶりにお会いしたが、あごに髭をたくわえて、さらにいかつい風貌になっていた。

今智博と共に、新しい支店の立ち上げの為に福岡から50㎞ほど南に行った久留米に来ている。ここ2年の受注の好調さからエリア拡大を切望され、受注飛躍の立役者となった二人に久留米進出の声がかかった。

新しい地での営業、そのこと自体はワクワクさせた。しかし、ここ2年の受注はほとんどが紹介で、飛び込みでの営業活動は久しぶりだった。

「浦田さん、飛び込みは久しぶりですけど大丈夫ですかね？」

「何を心配してるんだよ。ずっとそうして来たんだから大丈夫だよ」

「でも本当に久しぶりじゃないですか？」

確かにそうだった。ここ2年ほど飛び込み営業をしていない。していないというより、する暇が無かった。というのは、次々にいただく紹介のおかげで、飛込みする必要が無いくらい忙しくなってしまったからだ。

「確かに久しぶりだね。最初はもしかしたら厳しいのかも知れない。でもすべてのことに意味があるんだ。苦労しようと落ち込もうと、それらすべてに意味がある。だから明日を信じて、今出来ることをするしかないよ」

桜が満開だった。お城跡の近くには、道路に覆いかぶさるように道の両側から桜が咲いている。薄いピンク色のその花びらに太陽が強く光を照射していた。綺麗だ。春を強く感じさせる桜を見ながら、この桜もこの少ない期間に輝くために、地に深く深く根を下ろしているんだろう、そんなことを考えていた。

ふっと3年前のことが蘇ってきた。

苦労していた、明日が見えずに悶々としていた、目的を見失って焦りに焦っていた。いろんなことが心に蘇ってきた。あの時の景色もあの時の香りもあの時の感情も。あの頃のすべてのことがリアルに蘇ってきた。まるで懐かしい音楽を聴いてその時のことがプレイバックするかのように……。

あの苦労があったからこそ宮下部長の想いに触れることが出来、永業塾塾長の言葉に触れることが出来た。それが大切だと感じることが出来たのも、すべてあの苦悩の日々があったからだと今は確信している。

そうか、すべてのことに意味があるってこういうことだったんだ。

あの時があったから今がある。そう、すべてのことに意味があったんだ。その時は分からなかった。それがあるかどうかもまったく分からなかった。でも今なら分かる。その時にいいと思えることも良くないと思えることも、すべてのことに意味がある。

それに気づくのはいつになるか分からない。もしかしたらずっと気づけないのかもしれない。だけどきっと自分にとってのベストタイミングでそれに気づくことが出来るんだろう。そんなことを心に思いながら宮下部長と過ごした日々を思い出していた。

年月が経っても、季節はいつも同じように迎えてくれる。あの頃と同じように春という季節が香りを伴ってやってきた。その香りを強く感じる頃には昼になっていた。昼食を食べに、夜は居酒屋として賑わう店に入った。

この店はどうやら地鶏が有名な店らしい。二人と告げると奥の座敷に通された。入る前はスーツに匂いがつくのではと少し心配したが、中に入ると不思議と気にならない。店が大きいからだろう。掘りごたつになっているその席で地鶏焼き定食を頼んだ。周りはサラリーマンとＯＬ、そして話題の絶えそうにないおば様方だ。12時を10分過ぎた頃にはもう満席になり、待ちのお客さんが出てきた。

出てきた地鶏焼き定食を5分そこそこで平らげると、待っている方々の為に早々と席を立った。待っているお客さんがいるときは速やかに退店しよう、これは2年前からの共通のルールだった。

レジまで来た時、そのレジの向こう側に掛けてある額縁に、懐かしい筆文字を見た。

掛けた恩は水に流し、受けた恩は石に刻む　永業塾塾長

永業塾塾長の筆文字。こんなところでまた出会うとは……。宮下部長が会社を去ってからまったく目にしていなかったこの筆文字。この久留米の地にも、もしかしたら何か

の縁があるのだろうか。

「気づいたか？」

店を出てしばらく歩いた後聞いた僕に、「何をですか？」と返した智博は、あの額に気が付かなかったようだ。まぁいい、またどこかで必ず出会うのだから。本当に意味のあるときに。

そしてこの言葉に言われるように、いただいた恩を忘れることはない。心を繋いでいけるよう、次は伝えていく番なんだ。改めて心に誓った。

「さあ、行きましょうか」

智博が元気よく声をかけた。春と思えないほどの強く輝く太陽が照らした。右手で髪をかきあげた。

「あぁ、新しいステージの始まりだ」

託された心、少しは磨かれていってるんだろうか。自分ではわからない。

でも一歩一歩進んでいくだけなんだ、

この果てしなく続く成長の道を。
永業という道を。

完

あとがき

一冊の本との出会いが人生を変えることがある。

そんな言葉を知ったのは、私の人生がすっかり変わってしまった後からでした。

学生時代を含め、まったく本を読んで来なかった私は、それが原因なのかどうかは分かりませんが、苦難の真っ只中にいました。

何をやってもうまくいかない。

すべてを悪いほうに関連付け、なにかにつけてあのせいだ、あれが悪いんだと、自分の生き方を棚に上げて、周りに文句ばっかり言っていました。その周りとは、他人であったり環境であったり運命であったり。そうやって自分の生き方を変えずに、周りばかりを変えようとしていました。

中村信仁先生の『営業の魔法』という本に出会ったのは、そんな時でした。

初めはテクニック本として読み進めていました。生意気にも斜め読み。テクニックの部分だけをじっくり読むという感じ。熱心にメモもしました。

しかし読み進めていくうちに、違う部分に気づきだしました。

本当にテクニックが一番重要なのか？

営業がただ小手先のテクニックに走らないように、心の部分を強く諌める内容に気づいた時、私の中のなにかが大きくうなずいた気がしました。今までなにをやってもうまくいかないと思っていた、その根本的な原因がなんなく分かった気がしました。

心が技術を超えない限り技術は生かされない。

小手先の技術や小さな知識がありさえすれば営業がうまくいくと思っていた自分が、根っこから覆されていきました。

営業を、スキルを学ぼうと思って手に取った本から、在り方や人生そのものを考えさせられました。

私の生き方が変わるのに、それからあまり時間はかかりませんでした。

本当に不思議なご縁で中村先生にもお会いすることが出来、今は福岡の永業塾で多くの篤い志を持った仲間達と学ばせていただいています。そして全国の永業塾生達と、小手先のテクニックではなく、人格の向上と本質的な高い技術を手に入れるため、そして折れない心を身に付ける為、毎月集まり学んでいっています。業種に関係なく、想いさえ共有していればいい。そんな仲間たちとの出会いは、私の人生をどんどん豊かにしていってくれています。そして生き方を見せ合う、そんな仲間との時間は、私にとって今では絶対になくてはならない時間となっています。

中村先生はおっしゃいます。

「いただいたご恩に、恩返しなんてとても出来ないが、恩送りならできる」

私はいただいたご恩を、私自身に留めるのではなく次世代の営業人に伝えていけるように、そして勇気と希望を持つ背中を示していけるようにと願い、この本を書きました。どんなに辛いことがあっても、どんなにうまくいかなくても、すべてのことに意味があり、実はどんなことでもいい方向に向かっているということを、あの時の私のような境遇にある方にも気づいていただける、そんな本として皆様の心に届くと幸いです。

いつも生き方を見せ合う仲間として切磋琢磨している、有田健二さん、大浦賢太郎さん、藤田秀樹さん、川瀬剛さん、生野良一さん、山中陽介さん、板垣真由子さん、内山智博さん、そして宮下誠さん。この本の登場人物として一部お名前を使わせていただいたことを、この場を借りてお詫びすると共に感謝申し上げます。

今回出版のきっかけをいただき、そしていつも道を示していただいている中村信仁先生、また最高のアドバイスを元にいつも支えて下さる斉藤和則専務、本当にありがとうございます。お二人との出会いがなければ、今回の出版はあり得ませんでした。

更にいつも私を導いて下さる北川八郎先生、感謝申し上げます。

いつも我慢しながら執筆の応援をしてくれている裕美、蒼敬、琉空、美海。本当にありがとう。どんなに辛くても、みんなの笑顔で幸せになれます。最後にこの世に生み出してくださった父と母に感謝いたします。

香月　敬民

「道のはじまり」

永業塾　塾長　中村信仁

私は香月さんが大好きです。

男同士で好きも嫌いもないだろうが、こういうことは、変に気を廻した表現をするより直接的な方がいいでしょう。

ただ、男が男を好きだと告白した以上、何がどう好きなのか、きちんと書いておかなければ、それこそ変な誤解が生ずるやも知れないので説明だけはしておきます。

香月さんと初めて出会ったのは今から三年前。ヤフードームに隣接するヒルトンホテルのロビーでした。

ちょうど三冊目の拙著「営業の大原則」（ＨＳ）が出版された頃で、私の講演会が福岡であり、その会場となるヒルトンホテルに前泊で入ったところへ香月さんはわざわざ私に会いに来て下さいました。

そこは博多で一番大きなホテル。そのホテルの広いロビーで私たちは待ち合わせをしましたが、香月さんは、入口が見渡せ、尚且つエレベーターから降りてくる者を見逃さず確認できるポジションを、スナイパーか要人警護のＳＰの如く確保して立っていました。それが香月さんだと何故かすぐに分かりました。

ちょっと前屈みな立ち姿で、行き交う人たちに隙なくチラ見を繰り返すスーツの男……。

人間とは不思議なもので、よく「気」が合うといいますが、気の合う者というのは初対面の時から「気」が合うものです。

香月さんと私は、その瞬間から「気」が合いました。

真っ直ぐ私を見る眼が素敵でした。

そして、よく「気」のつく人でもありました。

ものを訊けばハキハキと返答してくれる。

また、相手をよく観察し、常に先手で「気」を廻すものですから、一緒にいて居心地がいい……。

そして時々はにかむ様に笑う。

一番驚いたのは、香月さんは自分自身のことを自分からは一切喋らないということ。

勿論訊いたことには答えてくれます、がそれ以外では売込みがましいことを一切云ってきません。

自分のことを押し付けない人を人は信じる癖があります。

その逆に、一方的に自分の話ばかりする人を嫌ってしまう傾向もあります。

初めて会った香月さんを、私は好きになりました。

それでも、そんな謙虚な男が、二度だけ自分を押し出したことがあります。

一度目は「永業塾」を福岡で開催して欲しいと云ったとき。

自分が責任者になって、すべての準備をするので開催して欲しい……と。

二度目は「本を出したい」と相談してきたとき……。

三年の付き合いの中で、たったこの二回です。

それ以外は、いつも謙虚に半歩下がって、周りを観察し、「気」を廻し、「気」をつかい、「気」を利かせている男なのです。

「本を書きたいなら、理屈抜きに完成原稿（一本の書き上げた原稿）を用意してごらん」

その三か月後、香月さんは一本の完成原稿を北海道の私のオフィスに送ってきました。勿論、それが直ぐに本になったわけではありません。

それから「書き直し」という地獄を、香月さんは何度も味わわされます。

それでも音を上げず書き直すこと五回～六回。

まだまだ不完全な部分がありましたが、原稿をＨＳの編集者斉藤専務に託しました。

今度は斉藤さんから「書き直し」の指示が幾度となく飛んだようです。

半年が過ぎた頃、斉藤さんから「福岡へ一緒に行きませんか」と声が掛り、内心「いよいよかな」と思っていたところ、ついに出版が決まったという報告に、とうとう中洲で祝杯をあげることになったのです。

数字を上げることに躍起になり続けていた毎日。その営業の在り方に疑問を抱いてしまった途端、皆、朝を迎える恐怖に押し潰されてしまいます。

香月さんもそんな時、私の拙著と出会い光明を見出したといいます。

そして、今、次世代へ何かを伝え残すべく、今度は香月さんがペンをとり、皆さまのお手元にこの本が届けられました。

永業塾生第一号の作家、香月敬民氏の誕生です。

この感動的な瞬間を、読者の皆さまと共有できましたことに心よりお礼と感謝を申し上げます。

香月さん、出版おめでとうございます。編集人斉藤専務、私たちの夢を具現化してくださりありがとうございます。読者の皆さま、この素晴らしい本をご購入下さりありがとうございます。

そして、香月さんの執筆活動を支え続けてこられたご家族の皆さま、おめでとうございます。

最後に全国の永業塾の皆さま、これからの香月さんをぜひ応援してあげてください。

参考文献／

「営業の魔法」中村信仁　ビーコミュニケーションズ
「営業という生き方」中村信仁　ＨＳ
「繁栄の法則」北川八郎　致知出版社
「幸せマイルール」北川八郎　高木書房
「下坐に生きる」神渡良平　致知出版社
「本物に学ぶ生き方」小野晋也　致知出版社
「修身教授録」森信三　致知出版社
「いざさらば我はみくにの山桜」靖国神社編　展転社
「愛の地蔵」吉田理

参考ウェブサイト／

ウィキペディア

香月 敬民

かつき　たかおみ

昭和50年福岡県生まれ。
立命館大学文学部卒業。

大学在学中から、文学部でありながら本をほとんど読まなかった。しかし卒業後10年以上過ぎた後、隣の席の同僚が読んでいた「営業の魔法（中村信仁著）」をたまたま手に取ってから、一気に本との出会い、言葉との出会いに没頭するようになる。恩師や先輩から「本を読みなさい」と言われていた意味を、35歳にしてようやく知ることになる。

中村式永業塾福岡ステージリーダー。永業塾の仲間からは「せんにん」の愛称で親しまれている。

【永業という道 僕が歩んだ9つの道】

初刷 —— 二〇一三年三月二十五日
著者 —— 香月敬民
発行者 —— 斉藤隆幸
発行所 —— エイチエス株式会社
064-0822
札幌市中央区北2条西20丁目1-12 佐々木ビル
phone : 011.792.7130　fax : 011.613.3700
e-mail : info@hs-prj.jp　URL : www.hs-prj.jp
印刷・製本 —— 中央精版印刷株式会社

ISBN978-4-903707-38-9